목회를 하고 매년 성경을 읽으며 하나님과 동행하는 시간이 길어지면 길어질수록, 나는 사랑의 중심성에 더욱 강하게 사로잡힌다. 그것은 그저 흔한 종류의 사랑이 아니라 행함이 있고, 실천적이며, 그리스도를 닮은 방식으로 다른 사람들의 삶 속에 걸어 들어가는 사랑이다. 최근 지역 교회에 대해 많은 말들이 있지만, 오늘날 가장 필요한 것은 교회의 성도들이 서로 사랑하는 방법을 배우고 자기 주변의 깨어진 사람들을 사랑하기 위해 주위에 둘러쳐진 단절의 벽을 넘어 밖으로 나가는 것이다. 이 작은 책은 하나님의 명령대로 사랑하는 삶이 실제로 어떤 삶인지 깨닫게 도와줄 것이다. 이 책을 집어 들고 읽으라. 그리고 그 내용을 실천하라.

– 브래드 비그니, 터키주 플로렌스 그레이스커뮤니티교회 담임목사,
ACBC 공인상담사, 컨퍼런스 연사, 《*Gospel Treason*》 저자

스콧 박사와 앤드류 진은 성경에 나오는 '서로_하라' 명령들에 대한 현명한 통찰을 제공한다. 그들은 다년간의 목회 상담 경험을 바탕으로 각 본문을 맥락에 맞게 충실하게 설명하여 독자의 실천적 적용을 돕는다. 이 책은 개인 경건 시간이나 가정 경건 시간에 활용해도 안성맞춤일 것이다. 나는 또한 이 책이 '서로_하라'라는 말씀들을 더 깊이 이해하고 적용해야 하는

제자훈련 모임에도 매우 유용할 것이라고 생각한다.

— **짐 뉴하이저 박사**, 리폼드신학교 기독교상담 프로그램 책임자 겸 목회신학 부교수, 성경적 상담 및 제자화 연구소(IBCD) 상임 이사

이 책은 오래도록 옆에 두고 읽어야 할 가장 유용한 책 중 하나다. 성경적 상담가는 이 책을 읽고 하나님이 좋은 관계에 대해 어떻게 말씀하시는지 다시 한 번 확인하고, 피상담자에게 그런 진리를 상기시켜 줄 수 있을 것이다. 우리 사회와 인간의 본성은 자기에게 집중하라고 가르치지만, 이 짤막한 책은 보석 같은 성화의 수단이 될 것이다. 나는 이런 책이 나오기를 오랫동안 바랐으며, 이제는 상담 사역에 이 책을 사용할 것이다. 이 책에는 하나님의 말씀의 진리가 설명되어 있을 뿐 아니라 적용을 위한 예시도 소개되어 있다. 하나님의 백성들은 이 책으로 인해 더 큰 유익을 얻을 것이다. 이 책을 쓴 스튜어트 스콧과 앤드류 진에게 고마움을 전하고 싶다. 하나님의 사역을 위한 두 사람의 헌신에 감사한다.

— **빌 섀넌 박사**, 캘리포니아주 선밸리 그레이스커뮤니티교회 제자화 상담 목사

목회 상담을 하다 보면 우리는 사람들이 어떻게 관계를 맺어야 하는지 이해하도록 돕는 일을 자주 맡게 된다. 스튜어트 스콧과

앤드류 진이 저술한 간결하고, 통찰력 있고, 매우 실천적인 이 책을 읽으라. 스튜어트와 앤드류는 여러 '서로_하라' 본문들의 설명, 예시, 적용을 통해 하나님에 대한 사랑이 어떻게 다른 사람에 대한 사랑으로 구체화되어야 하는지 설명한다. 이 탁월한 책으로 인해 매우 감사한다. 나는 이 책을 정기적으로 사용할 것이다!

– 파멜라 개넌, RN, MABC, ACBC 공인상담사, 몬태나바이블대학교 부교수,
《*In The Aftermath*》 공저자

하나님은 성도와 교회가 '서로_하라' 명령을 얼마나 실천하는지 보시고, 그것으로 그들의 성숙함을 평가하신다. 이 31가지 명령에서 스튜어트 스콧과 앤드류 진은 신약성경의 핵심적인 '서로_하라' 본문들의 의미를 설명하고, 예시를 들고, 독자가 그 진리를 일상생활에 적용하도록 독려함으로써 독자들을 '서로' 섬긴다. 나는 이 책을 개인 경건 시간, 가정 경건 시간, 소그룹 모임, 일대일 제자훈련 모임에 추천한다.

– 짐 버그 박사, 《*Changed Into His Image*》 저자,
BJU신학교 성경적 상담학 교수

신약성경에 나오는 '서로_하라' 말씀들은 자주 간과되기 때문

에, 많은 신자들이 이 말씀들의 진가를 거의 알지 못한다. 비교적 성숙한 신자에게 신약성경에 나타나는 다양한 '서로__하라' 말씀들에 대해 정의해 볼 것을 요청하면(예시와 적용은 고사하고), 당신은 틀림없이 그의 대답에 실망하게 될 것이다. 스튜어트 스콧과 앤드류 진은 '서로__하라' 명령을 다루는 다양한 신약성경 말씀들을 소개하고, 간단한 설명과 예시를 부가하고, 마지막에 적용을 곁들이면서, 그저 당신의 유익만을 위해서가 아니라 다른 사람들의 유익을 위해서 이 진리들을 살아내라고 당신을 독려한다. 하나님을 사랑하고 내 이웃을 사랑하는 것, 이것이야말로 기독교적인 삶의 전부가 아닌가? 예수님은 이 두 계명이 구약성경의 온 율법과 선지자의 강령이라고 친히 선포하셨다! 이 책은 하나님의 말씀을 있는 그대로 받아들이게 하여, 자기 자신과 이웃을 도와 하나님을 하나님으로 높인다는 맥락에서 '서로__하라'를 이해하게 해 준다. 자, 이 작은 책을 집어 들고 읽으라. 그리고 하나님을 경외하는 가운데 서로에게 어떻게 사역해야 하는지 배우라.

—랜스 퀸 박사, 베다니성경교회 담임목사

이 책은 탁월한 발상을 지닌 책이다! 이 책은 우리에게 깨달음을 주며 매우 실천적이다. '서로_하라'라는 하나님의 명령에 순종하기 위해 스스로를 들여다보면서 신중하게 이 책을 읽을 사람들에게 적극 추천한다.

– 마사 피스, 《*The Excellent Wife*》 저자, ACBC 공인상담사

작가가 독자에게 어떤 교훈을 실천할 방법에 대해 알려주지 않으면서 교훈만 이야기하는 것은 쉬울 수 있다. 하지만 그 경우 독자는 좋은 교훈을 실천하는 데 실패하기 십상이다. 스튜어트와 앤드류는 우리가 그런 덫을 피할 수 있게 많은 노력을 했다. 그러니 이 책에서 많은 유용한 교훈들과 더불어 그 교훈을 적용하는 많은 지침들을 기대하라. 우리가 이 진리들을 실천할 때, 우리의 관계들과 교회들이 유익을 얻을 것이라고 나는 확신한다.

– 에이미 베이커 박사, 페이스교회 성경적 상담사 겸 사역 자원 책임자

《*From Pride to Humility*》의 저자인 스콧 박사가 또다시 모든 그리스도인들에게 유용한 멋진 책을 써냈다. 스콧 박사는 성경의 '서로_하라' 명령들을 가지고 독자들에게 도전을 줄 뿐 아니라, 성경적이고 실천적인 조언을 제공하면서 독자들이 그 명

령들을 성경의 맥락 속에서 이해하도록 도와준다. 이 책은 그리스도와 더 동행하는 삶을 살도록 도와줄 것이며, 내가 만나는 피상담자들에게도 큰 변화를 가져다줄 것이다. 이 책을 읽고 복을 누리라!

— **셸비 컬렌**, ACBC 공인상담사, 매스터스대학교 성경적 상담학 부교수

스콧 박사와 앤드류 진은 신약성경의 '서로_하라' 말씀들을 활용해 우리 자신이 과연 그리스도와 동행하고 있는지 성경적으로 평가하는 틀을 제공한다. 그들은 또한 신자들의 성숙을 돕는 간단한 행동조치들을 명료하게 제시한다. '죄 죽이기, 거룩함 추구하기, 다른 사람들과 교제 안에서 자라가기'라는 3가지 목표는 저자들의 현명한 조언을 접하는 모든 이에게 유익할 것이다.

— **T. 데일 존슨 주니어 박사**, ACBC 상임이사,
미드웨스턴침례신학교 성경적 상담학 부교수

이 책은 철저하게 성경적이며 동시에 엄청나게 실천적이다. 각 장은 매우 간결하고 핵심이 분명하며 소그룹 성경공부나 상담 사역 과제용으로 적합하다. 우리 모든 교회가 이 책을 공부하고, 교회 안에서 이 원칙들을 한층 잘 실천하게 해달라고 부활

하신 주님께 기도하면 좋을 것이다.

— **스티브 바이어스**, 페이스침례교회 담임목사

그리스도인의 성숙함은 사랑이 넘치는 관계를 요구하고 반영한다는 사실을 인지한 스콧과 진은, 신약성경에 등장하는 광범위한 일련의 '서로_하라' 명령들에 대해 간결하고 사려 깊은 통찰을 제공한다. 짧은 설명들과 실천적이고 때로는 예리한 적용들은 개인 경건 시간, 상담 사역, 성인 성경공부, 소그룹 모임 등에 유용하다.

— **로버트 D. 존스**, 남침례신학교 성경적 상담학 교수,
《*Uprooting Anger and Pursuing Peace*》 저자

사랑이 많고 진실하며 '서로_하는' 관계가 우리 지역 교회들의 제자 양성에 기여하는 정도는 사실상 과대평가가 불가능하다. 이를 위해 스튜어트 스콧과 앤드류 진은 은혜롭고 마음에 도전을 주는 조언을 오늘날의 교회에 공급하여, 우리가 그리스도 안에서 더 성숙해지도록 도와준다.

— **폴 타우치스 박사**, 저술가, 코너스톤커뮤니티교회 담임목사,
카운셀링원어나더 창립자

스튜어트 스콧은 성경 본문을 이해하고 그것을 삶에 적용하는 데 있어 내가 만나본 그 누구보다도 더 진지하고 신중하다. 이 책에는 성경을 꼼꼼히 연구하고 그 말씀을 자신의 삶에서 살아내려고 신중하게 노력해 온 한 사람에게서 넘쳐흐르는 지혜가 담겨 있다. 그와 앤드류 진이 지금 그 열매를 당신과 나누고 싶어 한다. 예수님을 사랑하는 사람들에게 기독교 공동체 안에서 충실하게 살아가는 것보다 더 나은 목표는 없다. 그 목표를 지닌 사람이라면 누구든 스튜어트 스콧보다 더 나은 선생을 찾을 수 없을 것이다. 당신이 이 책을 읽을 때 하나님이 복 주심으로 인해 당신의 삶과 교회에 어떤 일이 일어나는지 얼른 보고 싶다.

– 히스 램버트 박사, 플로리다주 잭슨빌 제일침례교회 담임목사

31가지 서로_하라

31가지 서로_하라

지은이 스튜어트 스콧, 앤드류 진
옮긴이 차수정
펴낸이 김종진
편집 김예담
디자인 이재현
초판 발행 2022. 4. 13.
등록번호 제2018-000357호
등록된 곳 서울특별시 강남구 선릉로107길 15, 202호
발행처 개혁된실천사
전화번호 02)6052-9696
이메일 mail@dailylearning.co.kr
웹사이트 www.dailylearning.co.kr

책값은 뒤표지에 있습니다.
ISBN 979-11-89697-27-3 03230

31가지 서로_하라

스튜어트 스콧, 앤드류 진 지음
차수정 옮김

개혁된실천사

당신이 그리스도인이 될 때

하나님은 당신을 그분의 자녀들 중 한 사람으로서

다른 형제자매들과의 관계 속에 두신다.

앞으로 이어질 내용 속에서

당신은 신약성경의 '서로__하라' 명령을 따르라는 요구를 받게 된다.

그러나 한 가지를 기억하라.

당신이 진정으로 거듭나야만,

즉 성령의 은혜로운 사역에 의해 거듭나고 하나님께 회개하고

그리스도를 믿는 믿음을 가져야만

'서로__하는' 그리스도인이 될 수 있을 것이다.

목차

들어가는 말

하나님의 형상으로 창조된 인간은 관계를 위해 만들어졌다. '관계'라는 용어는 대부분의 현대 성경 번역본에 나오지 않지만, 그 개념은 성경 곳곳에서 발견된다. '서로_하라'라는 어구는 신약성경에서 여러 번 반복되며, 항상 한 신자가 다른 신자와 어떻게 관계를 맺어야 하는지 (혹은 어떤 특정한 관계에 있어야 하는지) 보여 준다.

죄가 세상에 들어왔기 때문에 사람들의 관계에는 종종 분열이 일어난다. 관계의 분열은 가정, 교회, 사회 등, 도처에서 분명하게 나타난다. 많은 이들이 그들의 배우자, 자녀, 부모, 형제자매, 친구, 직장 동료, 직장 상사, 직원 등 다른 이들과의 관계 문제 때문에 조언을 듣기 위해 목사나 상담가를 찾는다.

좋은 소식은 성경이 서로 하나님을 높이는 관계를 구축하는 방법에 대해 많은 말을 하고 있다는 것이다. 이는 당신이 거듭나고 예수님을 믿는 신자가 되었을 때 경험하는 (당신이 회개하고 믿음을 가지면 시작되는) 하나님에 대한 당신의 사랑에서 시작된다. 예수님은 마태복음 22장 36-40절에서 첫째 되고 가장 큰 계명을 가르치실 때 이 점을 매우 분명하게 밝히셨다.

> "선생님 율법 중에서 어느 계명이 크니이까 예수께서 이르시되 네 마음을 다하고 목숨을 다하고 뜻을 다하여 주 너의 하나님을 사랑하라 하셨으니 이것이 크고 첫째 되는 계명이요 둘째도 그와 같으니 네 이웃을 네 자신 같이 사랑하라 하셨으니 이 두 계명이 온 율법과 선지자의 강령이니라."

이 구절에는 하나님께서 당신이 하나님과 이웃을 의식적이고 주의 깊게 사랑하기를 원하신다는 것이 매우 분명하게 드러나 있다. 당신이 하나님과 맺는 관계와 다른 사람들과 맺는 관계는 직접적이고 복잡하게 연결되어 있다. 당신이 '서로_하라'라는 명령에 순종함으로써 다른 신자들을 사랑하기 위해 노력할 때, 당신은 사실 하나님에 대한 사랑에 있어서도 성장하고 있는 것이다.

성경에서 '서로_하라'라는 구절들은 좋은 관계를 발전시키고 유지하는 방법에 대한 매우 명확한 지침을 준다. 당신이 신약성경의 여러 말씀들을 실천하길 힘써나갈 때, 당신은 당신 자신의 믿음이 세워지고 있을 뿐 아니라 다른 사람들의 믿음까지 점점 세워나가고 있음을 발견하게 될 것이다! 그러니 당신이 이 책을 혼자 사용하든, 친구나 배우자와 함께 사용하든, 소그룹 모임이나 대그룹 모임에서 함께 사용하든, 당신은 이 책에서 실천할 내용들을 많이 발견하게 될 것이다.

1

형제 사랑으로 서로 헌신하라

"형제를 사랑하여 서로 우애하고"

로마서 12:10a

설명

이 본문은 가족을 대하듯 다른 신자들을 대하라는 명령이다. 당신이 친 형제자매와 잘 지낸다면 이 명령이 무엇을 의미하는지 알 것이다. 어떤 독자들은 사랑이 많고 진정 어린 형제자매 관계를 경험해 보지 못했을 수 있다. 그렇다 하더라도 당신은 여전히 성경에서 적절한 지침을 기대할 수 있을 것이다.

우리는 가족을 어떻게 대하는가? 보통은 따뜻함, 관심, 돌봄, 헌신 등을 떠올릴 수 있을 것이다. 로마서 12장 10절은 형제를 사랑하여 서로 우애하라고 구체적으로 말한다. "형제를 사랑하여"라는 구절은 '형제 사랑'을 의미하는 헬라어 '필라델피아*philadelphia*'를 번역한 말이다. 이 용어는 가족을 향한 다정하고도 강력한 애정[1]을 뜻한다. 바울은 신자들이 서로를 어떻게 대해야 하는지를 설명하면서 가족(혈연관계)과 관련된 용어를 사용했다. 그 이유는 대부분의 사람들이 다른 사람들보다 혈연관계를 가장 우선으로 여기고 헌신하기 때문이다. 그러나 하나님은 신자들에게 그들이 직계 가족에게 헌신하는 수준으로 다른 신자들에게도 헌신하라고 요구하신다. 그리스도인들은 서로 지체이며 모두가 예수 그리스도의 가족 구성원이다. 이에 대해 로마서 12장 5절이 탁월하게 설명한다. "이와 같이 우리 많은 사람이 그리스도 안에서 한 몸이 되어 서로 지체가 되었느니라." 신자들은 서로에게 깊이 헌신해야 하며, 무엇보다도 "믿음의 가정들"(갈 6:10)에게 착한 일을 해야 한다.

예시

우리는 교회에서 여러 다양한 사람들을 만나면, 이미 편한 사람들과만 어울리는 경향이 있다. 예를 들면, 친구, 같은 소그룹 멤버, 혹은 성경공부에서 알게 된 멤버들과 어울린다. 그러나 우리는 회중 전체를 찬찬히 살펴보면서 그들을 가족처럼 여기고 애정을 나타내야 한다. 성탄절이나 추수감사절 때 갖는 가족 모임을 생각해 보라. 거기서 당신은 그저 "어떻게 지내요?"라고 묻고 "잘 지내요."라고 대답하는 형식적 대화에 그치지 않는다. 당신은 지난 한 해 동안 그들의 삶에서 어떤 일이 있었는지 알고 싶어 한다. 당신은 형제자매, 어머니, 아버지와 이야기를 하면서 진정으로 궁금해 하고 거짓 없이 대한다. 당신은 다른 신자들을 이런 식으로 대해야 한다.

적용

- 다른 신자들에게 형제 사랑을 훨씬 의도적으로 표현

하기 위해 당신은 무엇을 할 수 있는가?

- 당신이 가족들과 누리는 좋은 것들 가운데, 다른 신자들과의 관계에서도 실행할 수 있는 사항들을 몇 가지 나열해 보라.

- 당신이 가족처럼 대하지 않고 소홀히 했던 신자 한 명의 이름을 쓰라. 그리고 이번 주에 당신의 삶에서 이 명령을 실행할 수 있는 구체적인 방법들을 몇 가지 적어 보라.

2

존경하기를 서로 먼저 하라

"존경하기를 서로 먼저 하며"

로마서 12:10b

설명

바울은 "너희 몸을 하나님이 기뻐하시는 거룩한 산 제물로 드리라 이는 너희가 드릴 영적 예배니라"(롬 12:1)라고 촉구한 직후에, "존경하기를 서로 먼저 하라"는 명령을 한다. 하나님에 대한 합당한 사랑과 예배는 다른 신자들에 대한 합당한 사랑과 대우와 관련이 있다.

존경한다는 것은 무엇을 의미하는가? 존경은 상대방에

게 특별한 중요성과 가치를 부여하는 것을 의미한다. 따라서 존경하기를 서로 먼저 하는 것은 매사에 다른 사람을 중요하고 진지하게 배려하는 것을 의미한다.

본문이 '존경하라'는 명령이 아닌, '먼저 하라'는 명령이라는 점에 주목하라. 존경은 당신이 먼저 하는 것이다. 우리는 다른 사람에게 칭찬받고, 인정받고, 주목받으려고 하기보다 먼저 그들을 칭찬하고, 인정하고, 특별한 관심을 보여주어야 한다. 우리는 반드시 다른 사람보다 '먼저 해야' 한다.

예시

"안녕하세요. 잘 지내시죠?" "네. 고마워요. 잘 지내시죠?" 이것이 우리의 일반적인 인사이다. 다른 사람을 만나면, 우리는 상대방에게 관심을 갖기보다는 금세 자기 자신에 관한 것을 이야기하는 경향이 있다(혹은 이야기하고 싶어 한다). '존경하기를 서로 먼저' 하는 것은 우리 자신을 겸손한 위치에 두고, 다른 사람에게 관심을 가지는 것이다. 우리는 자기 자신에게 "이 사람이 나보다 더 중요해."라고 말해야 한다. 이렇게 하면 그 사람을 사랑하고 우리 자신보다 그에게 더 관심을 갖는 데 도움이 될 것이다.

적용

- 당신은 자기 자신보다 다른 사람에게 관심을 가지려고 의식적으로 노력하는가? 예를 들어, 당신이 대화의 주도권을 갖는가? 주로 당신에 대해 이야기하는가? 그렇다면 당신은 다른 사람을 존경하기를 먼저 하고 있는 것이 아니다. 당신이 다른 신자와 마지막으로 나누었던 대화를 생각해 보라. 어떻게 했다면 당신이 그 사람을 더 많이 생각하고 배려할 수 있었을까?

- 당신이 존경하며 더 관심을 가질 수 있는 신자 한 사람을 써 보라. 이번 한 주간의 삶에서 당신은 어떻게

다른 사람을 '중요하게' 여길 수 있겠는가? 세 가지 구체적인 방법을 나열하고, 언제, 어떻게 이 일들을 할 것인지 구체적으로 써 보라.

1.

2.

3.

3

서로 마음을 같이하라

"서로 마음을 같이하며 높은 데 마음을 두지 말고
도리어 낮은 데 처하며 스스로 지혜 있는 체 하지 말라"

로마서 12:16

설명

서로 마음을 같이하는 것(조화 가운데 살아가는 것)은 다른 사람과 같은 생각을 갖는 것을 의미한다. 이는 상대방의 생각에 동의하거나 공통된 생각을 갖는 것이다. 여기서 '공통된 생각을 갖는 것'은 한 신자가 다른 신자와 정확히 똑같은 생각을 해야 한다거나 매사에 정확히 똑같은 방식으로 생각해야 한다는 것을 의미하지 않는다. 그런 것은 불가능하고 터무니없다. 이 말씀은 신자들이 서로에 대해 같은 종류의 생각을 가져야 한다는 뜻이다. 예를 들면, 그들은 서로를 좋게 생각하고, 서로를 사랑하려 하고, 서로를 격려해야 한다. 하나님은 신자들에게 그들의 사회적, 경제적, 인종적 지위와 상관없이[2] "서로 동등하게 여길 것을"[3] 요구하신다.

서로 마음을 같이하는 것을 가로막는 장애물은 무엇인가? 그것은 바로 교만이다. 이 '서로_하라'라는 명령은 교만과 반대되는 것이다. 교만은 사람이 자기 자신에 대해 마땅히 생각할 그 이상의 생각 품기를 추구한다. 바울은 이 '서로_하라'라는 명령 바로 몇 절 앞에서 이와 똑같은 내용을 말한다(롬 12:3). 교만한 사람은 자신을 높게 생각하는데, 이는 필연적으로 다른 사람들을 자기보다 더 낮게 여긴다는 것을 의미한다. 로마서 12장 16절은 "높은" 생각과 "낮은" 생각을 대조한다. 16절 끝부분에는 "스스로 지혜 있는 체 하지 말라"고 말한다. 같은 말씀이 잠언 3장 6-7절에도 나온다. "너는 범사에 그를 인정하라 그리하면 네 길을 지도하시리라 스스로 지혜롭게 여기지 말지어다 여호와를 경외하며 악을 떠날지어다." 이 말씀은 하나님을 신뢰하고 자신의 교만한 생각을 의지하지 말라는 내용을 담고 있다.

사실상 교회 안에는 사회적 상류층 또는 지식인 계층이 없어야 한다.[4] 헛된 야망도, 지위 다툼도 없어야 한다. 사람들은 서로 같은 생각을 가져야 한다.

예시

"나는 일부러 반대하는 역할을 맡겠어." 이런 말을 들어본 적 있는가? 이 장의 '서로__하라' 가르침에 따르면 이런 식의 태도는 취하지 말아야 하겠다. 대신 우리는 할 수 있으면 언제든 동의하려 해야 한다. 우리는 하나님의 진리 안에서 하나됨을 추구해야 한다. 교회는 논쟁하기 좋아하거나 분열하는 태도보다는 같은 생각을 갖기 위해 노력해야 한다.

적용

- 당신은 언제 어떻게 자기 자신에 대해 마땅히 생각할 그 이상의 생각을 품는가?

- 당신은 다른 사람에 대해 생각하는 당신의 특정한 패턴을 인식하는가? 당신이 같은 생각을 갖지 못하는 사람들에게 어떤 공통점이 있는가? 예를 들어, 어떤 사람들의 학력 수준이나 사회적 배경이 당신의 그것과 다를 때, 당신은 그들과 같은 생각을 갖지 못하는가? 당신은 누구에 대해 높은 마음을 갖는가?

- 당신은 어떤 경우에 당신이 선호하는 것을 놓고 다른 사람들과 다투는가? 당신은 어떤 경우에 교만 때문에 불화를 일으켰는가? 특정한 사람이 생각나는가? 어떻게 하면 이번 주에 그 사람과 마음을 같이할 수 있겠는가?

- 하나님께 당신의 죄를 고백하고, 당신이 "스스로 지혜 있는 체 하지 않을"(롬 12:16) 수 있게 도와달라고 구하라.

4

서로 비판하지 말고 덕을 세우라

"그런즉 우리가 다시는 서로 비판하지 말고 도리어
부딪칠 것이나 거칠 것을 형제 앞에 두지 아니하도록 주의하라"

로마서 14:13

"그러므로 우리가 화평의 일과 서로 덕을 세우는 일을 힘쓰나니"

로마서 14:19

설명

이 두 명령은 누군가가 다른 사람들을 비판하고 그들의 앞에 부딪칠 것을 두는 맥락(롬 14장) 안에서 기록되었다. 로마 교회의 어떤 이들은 먹는 것을 두고 다른 사람들을 비판했다. 바울은 그리스도의 몸 안에서 하나됨에 대해 염려했고,

다음과 같이 말했다. "이러므로 우리 각 사람이 자기 일을 하나님께 직고하리라"(12절). 우리는 다른 누군가가 영성이 없거나 그가 하는 일이 영적이지 않다고 생각할 때 주의해야 한다.

이 본문에서 바울의 관심사가 교회 안의 화합을 북돋는 것임을 주목하라. 파벌과 비판이 아닌 화합과 건덕이 있어야 한다. 비판하고 무너뜨리는 것의 반대는 덕을 세우는 것이다. 로마서 14장 19절의 "서로_하라"라는 명령은 서로 덕을 세움으로써 그리스도의 몸 안에 화평을 이루는 데 그 초점을 둔다.

우리는 예수 그리스도와의 수직적 관계로 인해 동료 신자들과의 수평적 관계에서 화평을 이루어야 한다(이는 20장 '서로 화목하라'에서 더 심도 있게 설명할 것이다). 교회 안에 파벌이 형성되어서는 안 된다. 벽돌들 사이에 균열이 있는 건물은 튼튼하지 않을 것이다. 한 건물 안에 결합된 벽돌들은 서로 의존하여 힘을 얻는다. 마찬가지로 신자들은 서로를 필요로 하며, 따라서 서로 덕을 세우기를 추구해야 한다. 각 사람은 다른 사람의 믿음을 세워 주어야 한다. 자신의 이익보다 교회의 이익이 우선순위가 되어야 한다. 각 사람의 덕을 세우는 데 집중하면, 교회의 덕을 세울 수 있을 것이다.

로마서 14장 19-20절은 극명한 대조를 이룬다. 19절은 세우는 일에 대해 말하고, 20절은 무너뜨리는 일에 대해 말한다. 화평과 건덕을 추구하고 있지 않은 신자들은 필연적으로 무너뜨리고 있는 것이다. 중립적 입장이란 없다. 고의적으로 무너뜨리지 않는다 하더라도, 세우지 않음으로써 이미 무너뜨리고 있는 것이다.

성경은 신자들에게 서로 덕 세우기를 '힘쓰라'고 명령한다. 이 말씀은 다른 사람과의 관계에 나태하고 냉담한 자세를 갖는 것을 용납하지 않는다. 오히려 성경은 성도들에게 서로 덕을 세우는 일에 목적의식을 갖고, 의도성을 갖고, 긴급하게 행하라고 요구한다.

예시

오늘날 우리는 종종 외적인 모습을 보고 그 사람의 영성을 비판한다. 우리는 사람들이 특이한 옷차림을 하거나 우리

나름의 기준에 진짜로 '영적인 사람'의 겉모습에 맞지 않게 행동하는 것을 보면 그들을 비판한다. 영적인 사람이 어떤 사람인지에 대한 당신의 생각을 글로 적는다면, 당신은 외적 기준으로 측정되는 것들을 많이 쓰게 될 것이다. '영적인 사람은 이렇게 행동한다.' '영적인 사람은 이렇게 행동하지 않는다.' 등의 목록이 만들어질 것이다. 이는 우리가 다른 사람을 비판하는 방식의 한 가지 예이다. 이런 식으로 서로 비판하는 것은 분열을 초래하고 다른 사람을 무너뜨린다. 신자들은 형제자매의 믿음에 걸림돌이 되지 않도록 주의해야 한다.

적용

- 당신은 어떤 식으로 다른 사람들을 비판하고 무너뜨렸는가? 마태복음 7장 1-5절 말씀을 당신에게 어떻게 적용하겠는가?

"비판을 받지 아니하려거든 비판하지 말라 너희가 비판하는 그 비판으로 너희가 비판을 받을 것이요 너희가 헤아리는 그 헤아림으로 너희가 헤아림을 받을 것이니라 어찌하여 형제의 눈 속에 있는 티는 보고 네 눈 속에 있는 들보는 깨닫지 못하느냐 보라 네 눈 속에 들보가 있는데 어찌하여 형제에게 말하기를 나로 네 눈 속에 있는 티를 빼게 하라 하겠느냐 외식하는 자여 먼저 네 눈 속에서 들보를 빼어라 그 후에야 밝히 보고 형제의 눈 속에서 티를 빼리라"(마 7:1-5).

- 당신이 비판한 것을 고백하고 회개하라. 비판하고 무너뜨리는 일을 버리고, 덕을 세우는 일에 힘쓰겠다고 결심하라.

- 당신은 어떻게 서로 덕을 세우고 있는가? 그 구체적인 방법을 두세 가지 적어 보라. 당신은 누구의 덕을 세워 주고 있는가?

1.

2.

3.

- 당신이 덕을 세워 줄 상대에게 '티끌'이 있는 것을 알게 될 수 있다. 당신이 이번 주에 덕을 세워 주어야 할 대상은 누구인가? 당신은 어떻게 그 사람의 덕을 세워 줄 것인가? 그 사람에게 구체적으로 필요한 것은 무엇인가? 아래에 적어 보라. 구체적으로 명확하게 쓰라.

  1.

  2.

  3.

- 부부의 경우, 서로의 장점과 단점에 대해 곰곰이 생각해 보라. 두 사람은 서로를 어떻게 보완하는가? 당

신은 배우자의 장점에서 어떤 유익을 얻는가? 당신은 서로를 세우기 위해 배우자가 지닌 각각의 단점에 대해 어떻게 노력하고 있는가?

	남편	**아내**
장점		
단점		
덕을 세우기 위한 계획		

5

서로 받으라

"그러므로 그리스도께서 우리를 받아
하나님께 영광을 돌리심과 같이 너희도 서로 받으라"

로마서 15:7

설명

이 명령은 앞 장에서 살펴본 '서로 비판하지 말고 덕을 세우라'는 명령과 마찬가지로, 남을 비판하는 것에 관한 문맥 안에서 기록되었다. 로마서 14장 1절에서 서로 받는 것(환영하는 것)은 비판하는 것과 어울리지 않는 일이라고 말한다. 로마의 그리스도인들은 정당화될 수 없는 비판을 하느라 서로를 받지 않았고, 이방인 신자들을 대할 때는 특히 더 그러했다. 오늘날에는 대부분의 경우 이런 유대인과 이방인의 구분에 대해 논의할 필요가 없지만, 원칙은 여전히 동일하다. 우리는 다른 신자들을 거리낌 없이 받아야 한다.

서로 받으라는 것은 "관용하다 또는 공적으로 인정하다"[5] 이상을 의미한다. 신자들은 형식적으로, 즉 단순히 눈에 보이는 외적인 행동으로 서로 '받을' 수 있지만, 성경에서 요구하는 것은 그런 것이 아니다. 신자들은 "그리스도께서 우리를 받으심과 같이"(롬 15:7 참고) 진심 어린 따뜻한 태도로 서로를 받아야 한다. 마찬가지로 로마서 14장 3절에서도 신자가 다른 신자를 받아야 할 이유를 하나님이 그를 받으신 데서 찾고 있다.

예시

서로를 받는 것을 주일 예배 전후에 나누는 2분짜리 대화로 대체할 수 없다. 주위 사람들과 악수하고 "환영합니다"라고 인사하는 것은 아무 문제가 없다. 그러나 그저 잠시 동안 악수하면서 "환영합니다. 환영합니다. 환영합니다" 라고 인사하는 것만으로는 부족하다. 그보다도, 그 시간에 모르는 사람을 찾아가서 그를 알기 위해 몇 가지 질문을 해 보면 어떨까? "안녕하세요. 선생님에 대해 더 알고 싶습니다. 예배 끝나고 잠시 뵐 수 있을까요?" 정도로 말을 걸라. 그 사람의 이름을 묻고, 당신의 자리로 돌아가서 그에 대한 사항을 몇 가지 적어 두라.

이 '서로__하라' 명령은 차별 없이 다른 사람들을 받고, 그들을 그리스도 안에서 돌보고, 그리스도께서 우리를 받으시듯이 그들을 받는 것을 의미한다. 그러니 피부색, 국적 등 무엇이든 다른 사람들을 받지 못하게 방해하는 것들은 제쳐 두라. 우리는 우리가 있는 곳에 예수님이 오시면 그분을 대할 법한 자세로 다른 사람들을 받아야 한다.

세상적인 기준에서 매력적이고 받아들일 만한 사람들만을 받아서는 안 되며, 차별 없이 다른 신자들을 받아야 한다. 야고보서 2장이 바로 이 문제를 다루고 있다.

"내 형제들아 영광의 주 곧 우리 주 예수 그리스도에 대한 믿음을 너희가 가졌으니 사람을 차별하여 대하지 말라 만일 너희 회당에 금 가락지를 끼고 아름다운 옷을 입은 사람이 들어오고 또 남루한 옷을 입은 가난한 사람이 들어올 때에 너희가 아름다운 옷을 입은 자를 눈여겨 보고 말하되 여기 좋은 자리에 앉으소서 하고 또 가난한 자에게 말하되 너는 거기 서 있든지 내 발등상 아래에 앉으라 하면 너희끼리 서로 차별하며 악한 생각으로 판단하는 자가 되는 것이 아니냐…만일 너희가 사람을 차별하여 대하면 죄를 짓는 것이니 율법이 너희를 범법자로 정죄하리라…긍휼을 행하지 아니하는 자에게는 긍휼 없는 심판이 있으리라 긍휼은 심판을 이기고 자랑하느니라."(야고보서 2장 1-13절에서 전체 말씀을 보라.)

적용

- 당신이 신자들과 서로 받는 행위는 주일에 그저 우정어린 악수를 하는 데 그치지는 않는가? 주위를 둘러보고 겉도는 듯한 신자들에게 주목하라. 교회 안에서

다른 이들에게 받아들여지지 않는 것 같은 사람들이 있는가? 그들의 이름을 아래에 적어 보라. 그들이 받아들여지도록 당신이 할 수 있는 일은 무엇인가? 당신은 예수님이 당신을 받으셨듯이 그들을 받고 있는가? 당신은 하나님의 영광을 위해 이 일을 하고 있는가? 이번 주에는 그러한 동료 신자들을 받기 위해 노력하라.

1.

2.

3.

- 당신은 더 '사랑할 만한' 사람들만 받고 있는가? 당신이 받기 어려운 사람들은 어떤 유형이고, 왜 그러한가? 당신이 '서로 받으라'는 명령에 순종하지 못하게 하는 요인은 무엇인가? 그 이유는 말씀으로 정당화될 수 있는가?

- 당신의 교만은 어떤 식으로 당신이 다른 사람을 얕잡아보거나 그들을 받기 힘들게 만드는가? 당신의 죄를 고백하고 회개하라. 그리고 당신의 교만을 겸손으로 대체하기 위해 노력하라.

6

서로 권하라(교훈하라)

"내 형제들아 너희가 스스로 선함이 가득하고 모든 지식이 차서
능히 서로 권하는 자임을 나도 확신하노라"

로마서 15:14

설명

로마서 15장 14절은 그 전후 맥락 안에서 이해되어야 한다. 앞서 언급했듯이 바울은 다른 신자들을 비판하지 않도록 주의하라고 말한 후에, 서로 권하는(교훈하는) 일을 제대로 수행하려면 먼저 자신 안에 "선함이 가득하고 모든 지식이 차" 있어야 한다고 말한다. 권하는(교훈하는) 사람은 거

룩한 삶을 추구하며 그리스도와 같이 친절하고 관대한 사람이다. 또한 성품이 바르며 성경에 대한 올바른 지식을 갖고 있다. 만일 권하는 사람이 바른 성품을 지니지 않았다면 그는 위선자라는 비판을 받게 될 것이다. 에스라는 말씀을 연구하고, 실천하고, 가르친 훌륭한 본보기이다(스 7:10). 지식의 오류는 삶의 오류를 가져온다. 서로 권하는 일을 제대로 수행하려면 다른 사람들의 생각을 교정해 줌으로써 그들의 삶을 교정해 주어야 한다.

서로 권하고자 하는 갈망은 하나님에 대한 사랑과 다른 사람에 대한 사랑으로부터 시작되어야 한다는 점을 명심하라. 권하는 이에게 다른 사람이 그리스도를 더욱 친밀하게 알고 믿음이 성장하게 되기를 진정으로 원하는 마음이 없다면, 그는 자신의 동기와 가르침을 의심해 보아야 한다. 그저 당신 마음에 드는 방향으로 남을 바꾸려 할 게 아니라, 정말로 잘못됐거나 사악한 것을 바로잡으려 해야 한다.

예시

단지 사람들과 함께 있어 주는 것으로도 그들은 어느 정도 안정과 도움을 얻을 수 있겠지만, 하나님의 명령은 이것이 전부가 아니다. 우리는 사람들에게 질문하고, 그들이 "마음에 가득한 것"(마 12:34)을 말할 때 들어야 한다. 우리는, 옳게 생각하지 않는 사람은 옳은 것을 원하지도 않는다는 점을 깨달아야 한다. 따라서 (비공식적으로든 공식적으로든) 바른 지식을 가르치는 것은 대단히 중요하다. 얼마나 많이 말하고 언제 말해야 하는지 알 수 있도록 지혜를 구하라.

적용

- 대부분의 사람들에게 있어 다른 사람을 권하는(교훈하는) 기회는 공식적이기보다는 비공식적이다. 우리가 나누는 대화는 수업 시간 같은 공식적인 자리보다 주로 비공식적인 자리에서 이루어진다. 그런 기회를 활용해 다른 사람들을 가르칠 수 있는 방법을 생각해 보라.

• 최근에 다른 사람을 권할 수 있었으나 놓친 기회에 대해 생각해 보라. 어떻게 하면 이를 만회할 수 있을지 생각해 보라.

• 당신이 다른 사람을 권하는(교훈하는) 목표가 골로새서 1장 28-29절 말씀에 나타난 바울의 목표와 일치하는지 생각해 보라.

"우리가 그를 전파하여 각 사람을 권하고 모든 지혜로 각 사람을 가르침은 각 사람을 그리스도 안에서 완전한 자로 세우려 함이니 이를 위하여 나도 내 속에서 능력으로 역사하시는 이의 역사를 따라 힘을 다하여 수고하노라."

7

서로 소송을 하지 말라

"너희가 피차 고발함으로 너희 가운데 이미 뚜렷한 허물이 있나니
차라리 불의를 당하는 것이 낫지 아니하며
차라리 속는 것이 낫지 아니하냐"

고린도전서 6:7

설명

"소송(고발)은 사회의 분열을 조장하고 개인주의가 득세하게 한다. 이런 일이 발생하면 극도로 이기주의적인 분위기 속에서 이웃에 대한 애정 어린 관심은 소멸된다."[6] 이 강력한 진술은 사이먼 J. 키스트메이커Simon J. Kistemaker가 한 말

이며, 바울이 고린도전서 6장 1-8절에서 고린도 교회에 말한 내용과 일맥상통한다. 기본적으로 바울은 신자가 다른 신자에게 소송을 걸면 안 된다고 말한다.

이 말씀에서 헬라어 사본에 나타나는 어순이 흥미롭다. 원어에는 문장 맨 앞에 "이미"라는 단어가 강조되어 나온다. 바울은 신자가 다른 신자와 법정에 가기도 전에 "이미" 무언가를 잃었다고 말한다. 그는 무엇을 잃었는가? 그것은 그 신자가 법적 소송에서 졌다는 말이 아니라, 불신하는 세상 앞에서 예수 그리스도에 대한 그의 증언을 잃었다는 것이다. 다른 신자를 고발해 그와의 문제를 세상 법정에서 해결하려 한 신자에게는 이미 허물이 있다. 그는 자신의 기독교적 사랑이 뜨겁지도 않고, 남을 용서하지도 않으며, 허다한 죄를 덮지도(벧전 4:8) 않는다는 것을 불신 세상 앞에 나타냈다. 그는 신자와 비신자가 다를 게 없음을 나타냈다. 그는 그리스도인이 된다는 것이 다른 사람을 용서할 수 있다는 것을 의미하지 않으며, 하나됨과 사랑에 대한 그리스도의 가르침이 개인의 권리를 추구하려는 욕망을 극복하기에 충분하지 않다는 메시지를 세상을 향해 표출했다. 허물은 재판이 벌어지기도 전에 이미 존재한다. 세상은 개인의 권리를 주장하고 자신의 정당함을 증명하라고 부르짖지만, 성경은 신자에게 그렇게 가르치지 않는다.

신자라고 주장하지만 비신자인 듯한 사람(열매가 없다거나 자기를 위해 산다거나 교회에 소속되지 않은 사람)과의 문제에 맞닥뜨릴 경우, 당신은 교회 지도자와 상담해야 한다. "할 수 있거든 너희로서는 모든 사람과 더불어 화목하라"(롬 12:18) 같은 성경의 원칙을 따르는 것이 최선일 것이다.

이 말은 문제를 일으킨 그 사람이 방자하게 죄를 짓고 다니게 내버려 둬야 한다는 뜻이 아니다. 때로는 법률 제도를 이용하여 그의 행동을 저지할 수 있다. 이런 상황에 처할 경우, 당신이 하나님을 높이는 방식으로 일을 처리하는 방법과 관련하여 많은 복잡한 사안들이 있을 수 있다. 따라서 조치를 취하기 전에 교회 지도자에게 경건한 조언을 구하는 것이 바람직할 것이다. 모든 상황이 저마다 다르므로 경건한 조언을 구하는 것이 중요하다.

예시

이 말씀을 조금 풀어서 살펴보자. 어떤 차가 당신의 차를 뒤에서 받았다고 가정해 보자. 이 경우 당신이 그 사람을 법정에 세우는 게 아니라 당신의 보험사가 그 사람의 보험사를 법정에 세운다. 이것은 동료 신자를 법정에 세우는 일과 같은 일이 아니다. 이 본문은 형제자매가 다른 신자를 고소해 법정에 세우는 문제에 대한 것이다.

다른 예를 들어, 당신이 어떤 사람과 계약을 했는데 그가 당신에게 돈만 받고 잠적하였다. 당신은 신자라고 주장하는 그 사람을 법정에 세우겠는가? 이런 일이 있을 때, 당신은 반드시 교회 지도자에게 말해 도움을 받아야 한다. 개인적인 잘못이 있다면 교회 지도자들과 상담해 그들의 지혜와 조언과 기도를 구하라. 고려해야 할 변수가 많을 수 있다. 교회 지도자들이 개입하게 하여 하나님을 높이는 결정을 할 수 있도록 하라.

적용

- 다른 신자와의 법적 계약이 충분히 이행되지 않았거나 깨진 경험이 있는가? 당신은 그 일을 어떻게 처리했는가? 지금이라면 어떻게 처리하겠는가?

- 현재 당신은 신자라고 주장하는 사람과 소송 중에 있을 수도 있다. 만일 그렇다면 당신은 이 '서로_하라' 명령을 어떻게 적용하겠는가?

- 신자라고 주장하는 사람이 당신에게 잘못을 했다면, 그 일에 대해 기도하고 당신의 목사에게 상담을 요청해 사법 시스템에 기대지 않고 문제를 해결할 방법을 모색해 보라.

8

서로 돌보라

"몸 가운데서 분쟁이 없고
오직 여러 지체가 서로 같이 돌보게 하셨느니라"

고린도전서 12:25

설명

성경의 '서로_하라' 명령들과 그 밖의 일반적인 여러 가르침을 보면, 그리스도의 몸의 일치가 중요하다는 것을 분명하게 알 수 있다. 대부분의 신자들은 일치를 원한다고 주장하지만, 그들 대부분은 그 일치를 어떻게 이루는지 모를 것이다. 본문에서 바울은 분쟁이 없이 일치를 이루는 한 가지 방법, 즉 서로 돌봄으로 하나되는 것을 제안한다.

이 명령을 제대로 이해하려면 본문을 둘러싼 문맥을 먼저 파악해야 한다. 고린도전서 12장은 한 지역 교회 안에 존재할 수 있는 영적인 문제와 다양한 은사들에 대해 가르친다. 다양성 가운데서도 반드시 일치가 있어야 한다. 바울은 인체를 예로 들면서, 예수 그리스도의 몸에 어떠한 일치가 있어야 하는지 설명한다. 신체의 각 부분은 다른 지체의 적절한 기능을 위해 중요하며, 각 지체는 다른 지체에 영향을 미친다. 어느 한 지체가 중요하지 않다고 말할 수 없다. 한 지체가 기뻐하면 다른 지체들도 기뻐해야 하고, 한 지체가 고통을 받으면 모든 지체가 함께 고통을 받아야 한다. 이런 문맥에서 바울은 "서로 같이 돌보"라고 말한다(25절). 다시 말해, 신자는 모든 지체가 중요하다는 것을 깨닫고 다른 신자들을 차별 없이 돌보아야 한다. 덜 훌륭한 지체든 더 훌륭한 지체든, 동등하게 돌봄을 받을 자격이 있다. 연약한 지체들은 강건한 지체들만큼 돌봄을 받아야 한다. 눈에 덜 띄는 지체들은 눈에 잘 띄는 지체들만큼 돌봄을 받아야 한다.

예시

서로 돌보는 것은 다른 신자에게 그저 애정을 느끼는 것이 아니다. 사랑이 단순한 느낌이 아닌 것처럼, 돌봄 또한 그저 감정적인 느낌이 아니다. 돌봄과 사랑은 궁극적으로는 모두 행동이다. 다른 사람에 대한 돌봄은 구체적인 행동으로 드러나야 한다. 실제로 회중의 멤버들이 담임목사보다 돌봄과 관심을 덜 받는가? 예를 들어, 당신은 목사의 냉장고가 고장났다는 이야기를 들으면 도와야겠다는 생각을 하는가? 그런데 예배당 한쪽 구석에 앉아 있는 어느 조용한 교회 멤버의 냉장고가 고장나도 동일하게 반응하겠는가? 당신은 목사에게 성탄 선물을 하면서, 집사들에게는 하지 않는가? 차별 없이 다른 사람들을 돌보려면 노력과 근면이 필요하다. 특정 집단이 특별한 대우를 받지 않아야 하며, 나쁜 대우를 받아서도 안 된다. 각 사람이 서로 돌보려고 노력할 때, 그리스도의 몸의 일치에 눈에 띄는 차이가 나타날 것이다.

적용

- 교회 명단을 쭉 훑어보고 당신이 돌봄을 소홀히 했던 특정 인물들의 이름을 적어 보라. 당신은 당신의 룸메이트, 배우자, 자녀, 부모, 소그룹 멤버 등에게 소홀했을 수도 있다. 당신이 돌보거나 돌보지 않은 사람들의 유형이 보이는가? 그렇다면 성경의 '서로__하라' 말씀에서 강조하는 돌봄이 부족했음을 고백하고 회개하라.

  당신이 소홀히 했던 사람들을 돌볼 구체적인 행동들을 적어 보라. 구체적인 방법을 생각하고 그들을 돌볼 시간과 장소를 써 보라. 다른 사람을 실질적으로 돌볼 수 있는 방법은 언제나 존재한다.

  1.

  2.

  3.

9

서로 노엽게 하거나 투기하지 말라

"헛된 영광을 구하여 서로 노엽게 하거나 서로 투기하지 말지니라"

갈라디아서 5:26

설명

이 말씀은 두 가지의 분리된 '서로_하라' 명령이 될 수도 있지만 이번 장에서는 함께 살펴보도록 하겠다. 갈라디아서 5장 25-26절은 "만일 우리가 성령으로 살면 또한 성령으로 행할지니 헛된 영광을 구하여 서로 노엽게 하거나 서로 투기하지 말지니라"라고 말한다.

노엽게 함은 믿음이 강한 자들이 믿음이 약한 자들을 대할 때 범하기 쉬운 죄이다. 이것은 갈라디아 교회에서 큰 문제가 되었다. 노엽게 함은 믿음이 강한 자들이 믿음이 약한 자들에게 그들의 자유를 과시하려고 할 때 발생한다. 노엽게 하는 영은 "그것 때문에 고민하고 있어? 난 아닌데."라고 말한다. 믿음이 강한 자들은 그들의 자유를 사용해 서로 섬기기보다 육체의 기회를 삼아 그것을 자랑함으로써 믿음이 약한 자들을 노엽게 한다. 당신의 자유를 육체의 기회로 사용하지 말라.

투기는 믿음이 약한 자들이 믿음이 강한 자들에 대해 느낄 수 있는 감정이다. 투기하는 영은 "내 양심에 이런 문제가 없어서 당신처럼 살 수 있으면 좋을 텐데."라고 말한다. 믿음이 약한 자들은 보통 믿음이 어린 사람들이며, 그들의 속박된 양심은 그들 스스로 추가한 많은 율법에 집착한다. 투기는 노엽게 하는 것만큼이나 죄악된 것이다.

예시

여기에서 율법 대 은혜 혹은 율법 대 복음의 대결이 벌어진다. 율법 편에 선 자들은 너무 치우친 나머지 '해야 할 것과 하지 말아야 할 것'에 온통 얽매여, 종종 성경이 말하는 것 이상으로 나아가기도 한다. 그들은 자신들의 생각에 따라 자신만의 경건의 기준이나 규칙을 만든다. 반면에 '오직 복음' 편에 선 자들은 다른 사람들을 염두에 두지 않고 온갖 일을 자유롭게 한다. 예를 들어, 술 마시는 것을 반대하는 사람들 앞에서 거리낌 없이 술을 마시면서 자신의 자유를 과시한다. 투기와 노엽게 함, 이 두 가지 죄악 모두를 멀리하라. 자유는 당신을 재앙이 아닌 경건으로 인도해야 한다.

적용

- 당신이 믿음을 갖고 어느 정도 시간이 지나 성장한 신자일 경우, 당신은 주위 사람들에게 당신의 자유를 과시하고 있지는 않는가? 당신은 기도하기, 죄악된 TV 프로그램 시청 삼가기 등 당신이 하는 모든 것들을 말함으로써 새신자들이나 믿음이 약한 자들을 노엽게 하고 있는가?

- 당신은 부지불식간에 자랑하고 있다. 그럴 때 당신은 믿음이 약한 자들에게 어려움을 안겨 주고 그들을 노엽게 하고 있을 수도 있다.

- 당신은 누구를, 왜 노엽게 하는가? 당신의 죄를 고백하고 회개하라.

  1.

  2.

  3.

- 당신이 새신자일 경우, 갓 깨어난 당신의 양심은 "이것을 해야 한다. 이것은 하지 말아야 한다." 등과 같은 온갖 종류의 율법들을 추가할 것이다. 아마도 당신은 믿음이 더 성숙해 특정한 것들에 얽매이지 않는 듯한 사람들을 투기하는 당신 자신을 발견할지도 모른다. 당신의 전반적인 태도는 성령님과 함께 동행하

는 겸손한 태도가 되어야 한다.

• 당신은 누구를, 왜 투기하는가? 그 사람들의 어떤 면을 투기하는가? 당신의 죄를 고백하고 회개하라.

1.

2.

3.

10

서로 짐을 지라

"너희가 짐을 서로 지라 그리하여 그리스도의 법을 성취하라"

갈라디아서 6:2

설명

이번 본문은 어려운 시련을 겪고 있는 동료 신자를 돕는 일에 대해 다룬다. 동료 신자의 짐을 짊어지고 돕는 것은 우리의 책임이다. 두 마리 황소가 하나의 멍에를 메는 것처럼, 우리는 누군가가 다른 사람의 짐을 짊어지기 위해 그의 짐 아래로 들어가는 그림을 상상할 수 있다. 당신이 돕지 않으면, 그 사람은 홀로 짐을 지다가 무게를 감당하지 못하고 그 짐에 깔릴 것이다. 그래서 당신은 그 짐 아래로 들어가 그 사람과 함께 그 짐을 짊어진다. 예수 그리스도를 믿는 신자가 어려운 시련을 혼자서 감내하는 일이 있어서는 안 된다. 한 신자가 어떤 무거운 짐을 지고 있을 때, 그것이 무엇이든 그를 돕는 것은 동료 신자들의 책임이다. "짐을 서로 지라"는 명령에 순종함으로써 신자들은 기독교적 일치와 사랑이라는 아름다운 그림을 만든다.

그리스도인들은 다른 사람들의 어려움에 대해 듣고 종종 "당신을 위해 기도하겠습니다"라고 말하지만, 서로의 짐을 지는 일은 그 이상의 것을 요구한다. 기도는 행함과 함께 가야 한다(요일 3:18). 목표는 그 사람과 함께 나란히 가며 그의 짐의 무게를 짊어지는 것이다. 한 가지 명심할 점은, 이 '서로_하라' 명령은 당신이 다른 사람의 짐 '전체'를 떠맡아야 한다는 의미가 아니다. 갈라디아서 6장 5절에서는 "각각 자기의 짐을 질 것이라"고 말한다. 예를 들어, 어떤 사람이 우울한 상태이고 그의 집이 난장판이라면 당신은 그의 집 전체를 혼자 청소할 것이 아니라 그가 자기 집을 청소하는 일을 도와야 한다. "내가 당신을 위해 해 줄

게요.”가 아니라 “내가 도와드릴게요. 이 일을 ‘함께’ 합시다.”가 되어야 한다.

바울의 말대로, 서로 짐을 지는 것은 “그리스도의 법을 성취”하는 것이다. 신자는 서로의 짐을 짊으로써 하나님이 그분의 백성에게 주신 가장 큰 계명인 “하나님을 사랑하고 이웃을 사랑하라”는 계명을 성취한다(마 22:36 이하). 하나님은 모든 신자에게 어려움에 처한 형제를 돕는 물리적인 행동을 요구하신다.

예시

몇 년 전에 한 유학생이 있었는데, 그는 학생 비자로는 일을 할 수 없어서 돈이 별로 없었다. 이 학생은 자신의 재정 상황이 부끄러워 이를 아무에게도 말하지 않았다. 어느 날, 그는 몸이 아팠고 심한 기침을 계속 했다. 한 학생이 그에게 말했다. “의사한테 한번 가 보는 게 좋겠어. 학교 안에 있는 병원에 가 봐.” 이 유학생은 고개만 끄덕였다. 또 다른 학생이 그에게 말했다. “나는 네가 병원에 꼭 가면 좋겠어.

네가 정말로 걱정돼. 네 몸이 낫기를 기도할게." 이때, 교수가 그들의 대화를 듣고 그 유학생에게 물었다. "병원비를 치를 만한 돈이 있니?" 학생은 없다고 대답했다. 그러자 반 전체가 모금을 해 그에게 돈을 전달했다. 그 돈은 진료비는 물론이고 처방약까지 감당하기에 충분한 금액이었다. 이 일화는 서로의 짐을 지는 것을 보여 주는 완벽한 그림이다. 서로 짐을 진다는 것은 어려움에 처한 사람을 위해 기도할 뿐 아니라 실제로 그의 멍에를 메고 돕기까지 하는 것이다. 당신에게 그 필요를 채워줄 능력이 없다면 방법을 찾으라. 우리는 "당신을 위해 기도할게요."라는 말은 쉽게 한다. 서로의 짐을 지는 것은 기도를 수반하지만, 거기에서 그치지 않는다.

적용

- 삶에서 어려운 시련을 겪고 있는 사람들에 대해 주의 깊게 생각하고 그들의 이름을 적어 보라. 앞으로 며칠 혹은 몇 주 동안 그들을 어떻게 도울 것인지 자세히

적어 보라.

1.

2.

3.

- 하나님이 당신의 삶에 다른 사람들을 어떻게 보내셔서 당신이 당신의 짐을 지는 것을 돕게 하셨는지 잘 생각해 보라. 하나님께 감사하고, 그 사람들에게 감사와 격려의 글을 써서 보내도 좋을 것이다.

11

서로 참된 것을 말하라

"그런즉 거짓을 버리고 각각 그 이웃과 더불어 참된 것을 말하라
이는 우리가 서로 지체가 됨이라"

에베소서 4:25

"시와 찬송과 신령한 노래들로 서로 화답하며
너희의 마음으로 주께 노래하며 찬송하며"

에베소서 5:19

설명

바울은 세 장에 걸쳐 그리스도와 교회에 대한 교리적인 가르침을 제공한 뒤에, 교회와 관련된 매우 실천적인 문제를

다루기 시작한다. 에베소서 4장 25절의 '서로__하라' 명령은 교회의 일치를 다루는 문맥 안에 자리잡고 있다. 바울은 성도들이 그리스도 안에서의 하나됨을 추구해야 한다고 크게 강조한다.

참된 것truth은 서로 신뢰하는 관계의 토대가 된다. 진실함 없이는 성경적인 관계가 있을 수 없다. 거짓을 토대로 형성된 관계가 어떻게 사랑의 관계가 되겠는가? 반복되는 거짓말은 인간관계의 신뢰를 무너뜨리고 좋은 관계의 토대를 망가뜨린다. 거짓말이 신자의 특징이 되어서는 안 된다. 오히려 참된 것을 말하는 것이 신자의 특징이어야 한다.

신자는 참된 것을 말해야 할 뿐 아니라 오직 "사랑 안에서" 참된 것을 말해야 한다. 에베소서 4장 15절은 "오직 사랑 안에서 참된 것을 말하라"라고 말한다. 참된 것을 말하더라도 그것이 사랑 안에서 말한 것이 아니라면 오히려 해를 끼칠 수 있다. 예를 들어, 아름다운 검은 드레스를 입은 한 여성을 보고 "오늘 멋진 옷을 입으셨네요. 그 옷을 자주 입으시면 좋을 것 같아요."라고 말할 수 있다. 이것은 참된 말이다. 그러나 장례식에서 이제 막 남편을 잃은 여성에게 그 말을 했다면, 이는 부적절한 말이 될 것이다. 그것은 참된 말이긴 하지만, 듣는 이의 유익을 위해 "사랑 안에서" 한 말이 아니다. 참된 것을 적절한 시기, 적절한 상황에 적절한 태도로 말하지 않는다면, 그것은 사랑 안에서 한 말이 아니다. 야고보서 3장에서 가르치는 것처럼, 혀는 강력한 힘을 가지고 있으므로 주의해서 사용해야 한다.

예시

현재 고난을 겪고 있으면서 누가 안부를 물으면 "잘 지냅니다."라고만 말하는 사람들이 교회에 있다. 때로 이것은 참된 것이 아니다. "잘 지냅니다."라고 말하는 대신 "감사합니다. 잘 지내지만 좀 힘드네요."라고 답하는 편이 더 나을 수 있다. 그렇게 해야 다른 사람들이 당신의 상황을 제대로 이해하고, 다음과 같은 말들로 당신에게 반응을 보일 것이다. "제가 특별히 당신을 위해 기도할 수 있는 것이 있을까요? 제가 어떻게 해야 구체적으로 당신을 도와드리거나 격려할 수 있을까요?" 그러면 당신과 그 사람은 시간을 정해 만나서 그 문제에 대해 더 깊이 논의할 수 있다. 주일에 건네는 "어떻게 지내세요?"라는 말에 항상 30분씩 대화를 나눌 필요까지는 없지만, 참된 반응을 보이는 것은 사역을 위한 유용한 기회를 창출한다.

사람들이 참된 것을 말하지 않는 예가 하나 더 있다. 사람들은 종종 어떤 음식을 매우 싫어하면서도 그 음식을 좋아한다고 말한다. 어떤 청년이 한 자매와 교제 중이었는데, 한번은 그 자매가 특별한 샌드위치를 만들어 주었다. 그는 그 자매가 곁에 있을 때는 샌드위치를 맛있게 먹었다. 그러나 그녀가 없는 자리에서는 자기가 참치 샌드위치를 무척 싫어한다고 말하곤 했다. 그녀를 불쾌하지 않게 하려는 형제의 마음은 이해할 수 있지만, 그 상황은 몇 년, 심지어 그들이 결혼한 뒤에도 계속되었고, 그녀는 한참 후에야 그가 참치 샌드위치를 싫어한다는 사실을 알게 되었다. 당시에 그녀가 느꼈을 실망과 당혹감을 상상해 보라! 그가 그녀에게 자신은 참치 샌드위치를 좋아하지 않는다고 친절하게 일찍 알려 주었더라면 얼마나 더 좋았겠는가! 그녀는 그에게 "지난 몇 년 동안 나한테 거짓말을 한 거예요?"라고 말했다. 그녀의 마음은 '그리고 또 뭐가 있을까? 또 뭘 싫어하면서 좋아한다고 말했을까? 또 어떤 거짓말을 했을까?' 등과 같은 다른 생각들로 가득 찼다. 그의 의도는 좋았지만, 참된 것을 말하지 않았더니 궁극적으로는 훨씬 해로운 것이 되어 버렸다. 사랑 안에서 참된 것을 말하라. 정직하고, 친절하고, 다정하라.

적용

- 최근에 나눈 대화 가운데 당신이 참된 것을 말하지 않은 적이 있는가? 그렇다면 지금 그것을 고백하고 당신의 죄를 회개하라. 당신의 이야기를 들은 사람에게 연락해서 당신의 죄를 고백하고 그 사람의 용서를 구하라.

- 최근 대화에서 당신이 사랑 안에서 참된 것을 말하지

않은 적이 있는가? 당신은 무엇을 했는가? 당신은 어떻게 했어야 했는가?

- 당신이 참된 것을 말하지 않는 경향이 가장 큰 때는 언제인가? 그럴 때의 주변 상황은 어떠한가? 당신이 고쳐야 할 발언이 어떤 특정한 패턴을 띠는지 발견했는가?

- 당신이 읽으면 좋은 탁월한 도서로 존 크로츠John Crotts의 책《*Graciousness: Tempering Truth with Love*》(사랑으로 참된 것을 알맞게 말하기)를 추천한다.

12

서로 친절하게 하라

"서로 친절하게 하며 불쌍히 여기며 서로 용서하기를
하나님이 그리스도 안에서 너희를 용서하심과 같이 하라"

에베소서 4:32

설명

성경의 (그리고 성경적 상담의) 중요한 원칙 중 하나는 에베소서 4장이 말하는 '벗어 버리기'와 '입기' 모델이다. 죄악된 습관은 새로운 경건한 습관으로 대체되어야 한다. 신자는 본문 32절에 언급된 속성들(서로 친절하게 하기)을 입기 위해, 31절의 속성들(악독, 노함, 분냄, 떠드는 것, 비방하는 것, 모든 악의)을 반드시 벗어 버려야 한다.

친절은 무엇인가? 흥미롭게도, 에베소서 4장 32절에서 "친절"이라는 말에 사용된 헬라어와 같은 어근을 갖는 단어가 로마서 2장 4절에서 하나님의 태도를 묘사하는 데 사용되었다. 로마서 2장 4절은 "혹 네가 하나님의 인자하심이 너를 인도하여 회개하게 하심을 알지 못하여 그의 인자하심과 용납하심과 길이 참으심이 풍성함을 멸시하느냐"라고 묻는다. 얼마나 놀라운가! 성경은 종종 임박한 하나님의 확실한 진노를 우리가 회개해야 할 이유로 제시하지만, 이 본문에서 바울은 하나님의 인자하심을 우리가 그분에게로 돌이켜야 할 동기로 강조한다. 하나님의 인자하심과 용납하심이 죄인들을 예수 그리스도께로 이끌어 준다. 신자들은, 그들이 구원받을 때 하나님에게서 받은 것과 같은 친절함을 동료 신자들에게 보이라는 요구를 받는다.

예시

이 원칙은 서로 대화하는 것과 같은 가장 기본적인 상황들에도 적용된다. 잠언 15장 1절은 "유순한 대답은 분노를 쉬게 하여도 과격한 말은 노를 격동하느니라."라고 말한다. 어떤 사람이 당신에게 와서 울화통을 터뜨리며 과격한 말을 한다고 가정해 보라. 당신은 어떻게 반응하겠는가? 반면에 어떤 사람이 온유하고 다정한 말로 다가오면, 당신은 그 사람에게 훨씬 수용적으로 반응할 것이다. 신자들은 바로 이런 태도로 서로를 대해야 한다. 친절은 신자의 삶의 특징이 되어야 한다.

적용

- 다음의 표에 에베소서 4장 22-32절에서 말하는 벗어 버릴 것과 입을 것들을 요약했다. 당신이 동료 신자에게 친절하게 하지 못했던 최근 일을 떠올려 보고, 당신이 무엇을 버리지 못하고 무엇을 취하지 못했는지 적어 보라. 당신이 서로 친절하게 하기 위한 첫 번째 단계는 무엇이겠는가?

에베소서 4장	버릴 것	취할 것
22-24절	옛 사람을 벗어 버리라 (유혹의 욕심을 따라 썩어져 가는 구습을 따르는)	새 사람을 입으라 (하나님을 따라 의와 진리의 거룩함으로 지으심을 받은)
25절	거짓을 버리라	참된 것을 말하라
28절	다시 도둑질하지 말라	자기 손으로 수고하여 선한 일을 하라
29절	더러운 말은 입 밖에도 내지 말라	오직 덕을 세우는 데 소용되는 대로 선한 말을 하여 듣는 자들에게 은혜를 끼치게 하라
31-32절	모든 악독과 노함과 분냄과 떠드는 것과 비방하는 것을 모든 악의와 함께 버리라	서로 친절하게 하며 불쌍히 여기며 서로 용서하기를 하나님이 그리스도 안에서 너희를 용서하심과 같이 하라

13

서로 용서하라

"서로 친절하게 하며 불쌍히 여기며 서로 용서하기를
하나님이 그리스도 안에서 너희를 용서하심과 같이 하라"

에베소서 4:32

"누가 누구에게 불만이 있거든 서로 용납하여 피차 용서하되
주께서 너희를 용서하신 것 같이 너희도 그리하고"

골로새서 3:13

설명

많은 그리스도인들조차 "용서해 주세요."라는 말을 "정말 죄송합니다." "부디 제 사과를 받아 주세요." 같은 공허한

말들로 대신한다. 오늘날 많은 신자들은 서로를 진정으로 용서하지 않는 죄를 짓는다. 이런 일은 용서해 주기를 거부하기 때문에, 혹은 단지 성경적인 용서에 대한 이해가 부족하기 때문에 일어날 수 있다.

감정에 지배당하는 현대 사회에서, 사람들은 용서를 죄에 눈감아 주기, 죄를 용납하기, 사과를 받아주기 등과 혼동하게 되었다. 그러나 성경은 용서가 무엇인지에 대해 매우 분명하게 제시한다. 간단히 말하자면, 용서는 순종의 문제다. 누가복음 17장 1-10절은 이 점을 명확하게 설명한다. 예수님이 반복적인 용서에 대해 말씀하셨을 때, 제자들은 그들에게 반복적으로 용서할 수 있는 더 큰 믿음이 필요하다고 생각했다. 이에 그들은 "우리에게 믿음을 더하소서"(5절)라고 말했다. 그러나 예수님은 용서하지 못하는 것은 믿음 부족의 문제가 아니라 순종 부족의 문제임을 그들에게 가르치길 원하셨다. 예수님은 주인과 종의 예화를 통해 이 중요한 진리를 설명하셨다. 종은 그가 주인의 종이라는 단순한 이유 하나로 그의 일을 하는 것이 마땅하다고 말씀하신 것이다.

이와 마찬가지로 그리스도인들은 예수 그리스도께서 그들의 주인이라는 단순한 이유 때문에 서로 용서해야 한다. 용서는 감정이나 믿음 부족의 문제가 아니다. 용서는 그저 순종의 문제이다.

기본적으로 성경은 용서의 방법과 태도에 대해 분명하게 밝힌다(마 18:15-35; 눅 17:1-4). 방법은 다음과 같다. 어떤 사람이 당신에게 죄를 지으면 그에게 가서 말하라. 그가 죄를 시인하고 회개하면, 당신은 그를 용서할 책임이 있다. 그가 당신의 말을 듣고 성경적으로 반응하면 그 문제는 해결된 것이다. 그러나 그가 그렇게 반응하지 않을 경우에는 다른 사람을 데려가서 말하라.

예수님은 넘치는 사랑으로, 신속하고, 반복해서, 아낌없이 용서하신다. 우리가 하나님께 나아가 용서를 구할 때, 하나님은 매우 신속하고도 지속적으로 용서하신다. 우리도 이와 같은 태도로 용서해야 한다.

예시

신자들 간에 서로 용서하는 일의 또 다른 중요한 측면으로, 우리는 용서가 죄 고백이라는 조건하에 이루어지는 거래에 불과한 것이 아니라, 진심 어린 사랑의 태도와 기꺼이 용서하려는 자세까지 모두 포함한다는 사실을 이해해야 한다. 한 사람은 용서를 구해야 하고 한 사람은 용서해 주어야 한다(눅 17:3). 이 거래가 없기 때문에 많은 그리스도인들의 관계가 미궁에 빠진다. 사람들은 종종 "정말 미안합니다. 부디 제 사과를 받아 주세요."라고 말할 뿐이다. 그리고 보통 그 대답은 "네. 괜찮아요." 혹은 "네. 당신의 사과를 받아들이겠습니다."이다. 이런 말들이 무엇을 성취하는가? 정말 아무것도 성취하지 않는다. 그러나 사람들이 성경에서 말하는 방식으로 용서를 구하고 용서한다면 놀라운 거래가 이루어진다. 제이 애덤스Jay Adams는 온전한 용서는 다음 세 가지 진술을 포함한 약속을 내포한다고 지적한다.

- 나는 이 문제를 당신에게 거론하지 않겠습니다.
- 나는 이 문제를 다른 사람들에게 거론하지 않겠습니다.
- 나는 이 문제를 나 자신에게 거론하지 않겠습니다.[7]

"용서하고 잊으라."는 말은 성경적이지 않다. 그리스도인들은 서로를 용서할 때 무슨 일이 있었는지 전혀 기억하지 않겠다고 약속하는 것이 아니다. 그보다도 그들은 용서받은 문제를 앞으로 그들 자신이나 다른 사람에게 다시 거론하지 않겠다고 약속하는 것이다.

적용

- 당신이 용서를 구해야 할 사람들의 이름을 적어 보라. 당신이 그에게 죄를 고백하고 용서를 구할 때 정확히 어떤 말을 할 것인지 자세하게 적어 보라(눅 15:18-19을 보라). 또한 당신의 죄를 하나님께 고백하고 회개하라.

- 누군가가 당신에게 용서를 구했는데 당신이 용서하기를 거부했는가? 그렇다면 적절한 절차를 따라 성경적인 방법으로 그들을 용서하라.

- 신자들에게 서로 용서하라고 하신 이 명령은, 관계의 문제를 해결하도록 사람들을 돕는 데 있어 이해해야 할 중요한 문제다. 이에 대한 탁월한 참고 자료로 크리스 브라운스Chris Brauns의 책 《위대한 용서》 *Unpacking Forgiveness: Biblical Answers for Complex Questions and Deep Wounds*를 추천한다.

14

서로 복종하라

"그리스도를 경외함으로 피차 복종하라"

에베소서 5:21

설명

복종이란 "사령관이 순시할 때 도열해 있는 나이 많은 군인"[8]이다. 군인은 자기가 어떤 상관에게 복종하고 어떤 상관에게 복종하지 않을지를 선택하지 않는다. 사병은 항상 사령관에게 복종한다. 이와 마찬가지로, 신자들 간에도 바로 이런 복종이 있어야 한다. 에베소서 5장 21절은 상호 복종에 대해 말하는 것이 아니며, 성경도 상호 복종을 가르치지 않는다. 하나님은 각 개인의 상황에 맞게 특정한 권위 체계를 주권적으로 배치하셨다.

21절에 언급된 복종은 그 뒤에 나오는 구절들과 모순되지 않고 오히려 그 구절들을 보완한다. 아내들은 남편에게 복종해야 하고(5:24), 자녀들은 부모에게 순종하고 공경해야 하며(6:1-2), 종들은 상전에게 순종해야 한다(6:5-8). 이러한 것들은 신자들의 서로 복종하는 관계의 주된 예이다.

다음 구절들은 "그리스도를 경외함으로" 하는 "피차 복종"(엡 5:21)을 확장한다.

- 그리스도께 대한 복종 : "그러나 나는 너희가 알기를 원하노니 각 남자의 머리는 그리스도요…"(고전 11:3).
- 남편에 대한 복종 : "아내들이여 자기 남편에게 복종하기를 주께 하듯 하라"(엡 5:22).
- 부모에 대한 복종 : "자녀들아 주 안에서 너희 부모에게 순종하라 이것이 옳으니라"(엡 6:1).
- 상전/고용주에 대한 복종[9] : "종들아 두려워하고 떨며 성실한 마음으로 육체의 상전에게 순종하기를 그리스

도께 하듯 하라"(엡 6:5).

- 영적 지도자에 대한 복종 : "너희를 인도하는 자들에게 순종하고 복종하라 그들은 너희 영혼을 위하여 경성하기를 자신들이 청산할 자인 것 같이 하느니라 그들로 하여금 즐거움으로 이것을 하게 하고 근심으로 하게 하지 말라 그렇지 않으면 너희에게 유익이 없느니라"(히 13:17).
- 정부에 대한 복종 : "각 사람은 위에 있는 권세들에게 복종하라 권세는 하나님으로부터 나지 않음이 없나니 모든 권세는 다 하나님께서 정하신 바라"(롬 13:1).

예시

에베소서 6장에서 종과 상전을 예로 든 것에 주의하라. 이 명령은 종종 일터에서 지나치게 강요된다. 직원은 종이 아니고 상사는 상전이 아니다. 오늘날의 일터는 노예제가 시행되던 로마 시대의 일터와 같지 않다. 오늘날 당신은 직장을 그만두고 다른 직장으로 옮길 수 있다. 그러나 여기에는 당신이 주의를 기울여 적용해야 하는 어떤 원칙이 있다. 당신은 일을 할 때 단순히 상사를 기쁘게 하려고 일하기보다 하나님을 기쁘시게 하려고 일해야 한다. “눈가림만 하여 사람을 기쁘게 하는 자처럼 하지 말고 그리스도의 종들처럼 마음으로 하나님의 뜻을 행하고”(엡 6:6).

하나님이 당신을 어느 특정한 일터로 인도하셨기 때문에 거기에 계속 머물러야 한다고 생각하지 말라. 당신이 스스로 행하고, 말하고, 선택하는 모든 것에 하나님의 이름을 갖다 붙이지 말라. 당신은 그 일터에서 일하기로 이미 결정했고, 그 결정은 아무런 문제가 없다. 당신은 하나님의 영광을 위해 당신의 일을 수행할 수 있다. 다른 직장에서 일하는 편이 당신의 일정에 더 잘 맞는다면, 당신에게는 그렇게 할 자유가 있다. 가끔 우리는 우리 자신의 욕구와 충동에 이끌리면서 하나님이 인도하셨다고 경솔하게 주장한다. 그것보다는 하나님이 그분의 명령과 원칙과 말씀을 주신 것을 기억하고, 그것들을 잘 검토해서 바른 결정을 내리는 것이 좋다.

적용

- 당신은 삶에서 어떤 복종을 하고 있는가? 당신은 합당한 권위에 복종하고 있는가? 당신은 당신의 삶에 권위를 가진 사람들과 어려움을 겪고 있는가?

- 당신이 아직 부모님의 권위 아래 있고 경제적으로 독립하지 않은 상태라면, 당신은 부모님에게 어떠한 복종을 해야 하는가?

- 당신은 교회 지도자들에게, 하나님과 하나님의 말씀에, 정부에 복종하고 있는가?

- 마땅히 복종해야 할 영역에서 복종하지 않은 것에 대해 당신이 용서를 구해야 할 사람이 있는가?

15

서로 용납하라

"누가 누구에게 불만이 있거든 서로 용납하여 피차 용서하되
주께서 너희를 용서하신 것 같이 너희도 그리하고"

골로새서 3:13

설명

골로새서 3장 13절은 반드시 앞 구절인 "그러므로 너희는 하나님이 택하사 거룩하고 사랑 받는 자처럼 긍휼과 자비와 겸손과 온유와 오래 참음을 옷 입고"(12절)와 관련된 문맥 안에서 살펴보아야 한다. 이 말씀은 명백한 죄가 없을 때 우리가 어떻게 서로 인내하고 참아야 하는지 그 기준을

보여준다. 이는 서로의 불완전함과 서로의 낯선 가치관과 서로의 개성과 습관을 참는 것을 뜻한다. 어떤 사람이 당신에게 거슬리는 행동들을 하더라도, 하나님의 말씀은 우리가 그들을 (심지어 우리가 좋아하지 않는 사람조차도) 용납해야 한다고 말한다. 룸메이트든, 형제자매든, 배우자든, 다른 교인이든, 우리는 서로 용납해야 한다.

사람들이 다른 사람에게 짜증을 내는 이유는 무엇인가? 사실 짜증나게 만드는 그 사람이 문제의 원인이 아닐 수도 있다. 때로는 문제의 원인이 짜증을 내는 사람에게 있을 수 있다. 다른 사람에게 쉽게 짜증을 내는 사람은 그 안에 교만이 그 추한 머리를 치켜들고 있다. 짜증을 내는 사람은 기본적으로 자신이 다른 사람들보다 짜증을 덜 유발한다고 말하는 셈이다. 그는 자신에게는 짜증을 유발하는 성향이 없으며 잘못은 전적으로 다른 사람에게 있다고 생각한다. 이는 교만한 발상이다! 어떤 의미에서 보면, 짜증을 내는 사람은 자기가 다른 사람보다 더 낫다고 말하는 것이다. 눈 속에 들보가 있으면 다른 사람을 제대로 볼 수 없다. 마태복음 7장 1-5절은 이렇게 말한다.

"비판을 받지 아니하려거든 비판하지 말라 너희가 비판하는 그 비판으로 너희가 비판을 받을 것이요 너희가 헤아리는 그 헤아림으로 너희가 헤아림을 받을 것이니라 어찌하여 형제의 눈 속에 있는 티는 보고 네 눈 속에 있는 들보는 깨닫지 못하느냐 보라 네 눈 속에 들보가 있는데 어찌하여 형제에게 말하기를 나로 네 눈 속에 있는 티를 빼게 하라 하겠느냐 외식하는 자여 먼저 네 눈 속에서 들보를 빼어라 그 후에야 밝히 보고 형제의 눈 속에서 티를 빼리라."

다른 사람에게 짜증을 내기 전에 자기 자신의 마음을 주의 깊게 살펴보아야 한다. 그리스도인들은 서로 용납하기 위해 적극적으로 노력해야 한다. 신자들은 다른 사람들도 나를 용납해 주고 있다는 사실을 기억하면서, 마음속의 어떤 교만이라도 회개하고 서로 용납해야 한다!

예시

'서로 용납하라'는 말씀은 엔진의 모든 부품이 원활하게 작동하도록 만들어 주는 엔진 오일과 같다. 이런 윤활유가 없으면 매일 주기적으로 거슬리는 것들이 화를 돋우게 되고, 머지않아 참을 수 없게 되고 만다. 당신이 다른 사람들을 용납할 때, 그들 또한 당신을 용납해 주고 있다는 사실을 명심하라.

어떤 사람이 제자화나 복음전도를 수행하는 데 방해가 될 만큼 불쾌감을 유발하는 특징을 갖고 있는 경우, 예를 들어 신자가 이상한 행동을 해서 다른 사람들이 그와 함께 있는 것을 불쾌해하고 어려워한다면, 이 문제를 그에게 일러 주어야 한다. 신자들은 복음을 전하고 제자를 삼으라는 부름을 받았다. 단순히 "나는 원래 이래."라고 하면서 변화를 거부하는 것은 옳지 않다. 그리스도인은 능력을 주시는 성령님과 동행하면서 변화될 수 있다. 하지만 이 일은 약간의 도움이 필요할 수 있다. 그 사람이 자기가 하는 행동을 깨닫지 못할 경우(또는 알지만 신경 쓰지 않는 경우), 특히 그러하다. 당신이 불쾌감을 유발하는 사람이라면, 당신은 자신이 그런 사람이라는 것을 깨달아야 하고 신경을 써야 한다. 아무도 당신 곁에 있고 싶어 하지 않으면, 당신은 다른 사람들의 삶에 선한 영향을 끼칠 수 없기 때문이다.

적용

- 당신은 동료 신자에게 어떻게 짜증을 냈는가?

- 당신은 어떤 환경이나 상황에서 '서로 용납하기'가 가장 어려운가? 아래 세 가지 경우를 적어 보라. 당신이 '서로__하는' 그리스도인으로서 더 일관성 있게 행하는 데 이 장이 어떻게 도움이 될 수 있을지 적어 보라.

  1.
  2.
  3.

- 마태복음 7장 1-5절을 읽고 당신 자신의 삶을 살펴보라. 당신은 어떤 식으로 사람들이 당신을 대하기

어렵게 만드는가? 당신은 다른 신자들이 참을성 있게 용납해 주어야 하는 사람인가? 가까운 친구들(사랑으로 참된 말을 해줄 사람들)에게 조언을 구해 볼 수도 있을 것이다. 당신이 변화시킬 수 있는 것을 최소한 세 가지 적어 보라.

1.
2.
3.

- 어쩌면 직장에서 비신자들이 신자들에 대해 말하면서 (그들의 신앙 때문이 아니라 그들의 독특함 때문에) 너무 이상하다고 이야기할 수도 있다. 그런 경우 신자들은 그것을 인지하고, 시인하고, 변화를 추구해야 한다. 당신은 다른 신자들에게 그들이 대화 중에 어떤 인상을 주는지 지적해야 할 수도 있다. 또한, 그들이 그들의 거슬리는 특징을 스스로 자각하게 할 방법을 찾아봐야 할 수도 있다. 주변 사람들이 등을 돌릴 행동을

하지 않도록 동료 신자들에게 경보를 발할 필요가 있다면 기꺼이 그렇게 하라.

16

서로 가르치고 권면하라

"그리스도의 말씀이 너희 속에 풍성히 거하여
모든 지혜로 피차 가르치며 권면하고
시와 찬송과 신령한 노래를 부르며
감사하는 마음으로 하나님을 찬양하고"

골로새서 3:16

설명

'권면'을 뜻하는 헬라어 '누데테오*noutheteo*'는 정확하게 번역하기가 쉽지 않다. 많은 학자들은 이 단어가 쓰인 문맥에 따라 그것을 '권면하다, 경고하다, 훈계하다, 충고하다, 교훈하다, 가르치다' 등으로 번역했다. 제이 애덤스는 이 단어의 뜻을 "개념적으로 그리고 실천적으로"[10] 조사해 봄으로써 그 의미를 이해할 수 있다고 말한다. 그는 이 단어가 가르침, 문제 해결, 피상담자의 유익을 위해 교정하려는 상황에서 자주 사용된다는 점에 주목한다.[11] '권면적 상담'nouthetic counseling이라는 용어는 이 헬라어 단어에서 유래했다(골 1:28-29 참고).

신자들은 하나님의 말씀으로 충만할 때(하나님의 말씀에 의해 통제될 때), 성령으로 충만해진다(성령에 의해 통제된다). 이것이 어떻게 가능한가? 에베소서 5장 15-20절과 골로새서 3장 16-17절 말씀을 살펴보면 두 본문 사이에 명백한 유사점을 찾을 수 있다. 다음의 표는 이를 분명하게 보여 준다.

	에베소서 5장	골로새서 3장
지혜	15. 그런즉 너희가 어떻게 행할지를 자세히 주의하여 지혜 없는 자 같이 하지 말고 오직 지혜 있는 자 같이 하여 16. 세월을 아끼라 때가 악하니라 17. 그러므로 어리석은 자가 되지 말고 오직 주의 뜻이 무엇인가 이해하라	16b. 모든 지혜로

풍성히 거함 (충만함)	18. 술 취하지 말라 이는 방탕한 것이니 오직 성령으로 충만함을 받으라	16a. 그리스도의 말씀이 너희 속에 풍성히 거하여
자유케 된 혀	19. 시와 찬송과 신령한 노래들로 서로 화답하며 너희의 마음으로 주께 노래하며 찬송하며	16b. 피차 가르치며 권면하고 시와 찬송과 신령한 노래를 부르며 감사하는 마음으로 하나님을 찬양하고
감사	20. 범사에 우리 주 예수 그리스도의 이름으로 항상 아버지 하나님께 감사하며	17. 또 무엇을 하든지 말에나 일에나 다 주 예수의 이름으로 하고 그를 힘입어 하나님 아버지께 감사하라

이 두 본문 사이에는 인상적인 병행성이 엿보인다. 지혜로운 사람은 하나님의 뜻을 이해하고 성령으로 충만함을 받는다(엡 5:18). 성령 충만의 결과는 입을 열어 하나님께 찬송하고 감사하는 것이다(엡 5:19-20). 하나님의 말씀이 그의 삶 안에 거하는 사람(골 3:16a)은 가르치고, 권면하고, 찬양하고, 감사하는 자유케 된 혀를 갖는다(골 3:16-17)! 따라서 성령으로 충만한 결과(에베소서)와 하나님의 말씀이 그 안에 풍성히 거하는 결과(골로새서)는 동일하다. 가르치고, 찬양하고,

감사하는 혀를 갖는 것이다. 이와 같이, 성령 충만한 것은 하나님의 말씀으로 충만한 것이다.

하나님의 말씀으로 충만한 결과, 신자들은 모든 겸손함으로 서로 가르쳐야 한다. 일반적으로, 가르침은 장로와 목사로 임명된 사람들만 행하는 것이 아니라 모든 신자가 행하는 것이다. 신자들은 모든 기회를 활용해서 하나님의 위대한 진리를 서로 가르쳐야 한다. 이런 가르침은 공식적인 성경공부 때만이 아니라 찬양 시간에도 행해진다. 성경에 기반을 두고 성경 말씀에 충실한 찬송을 활용하여 서로 가르칠 수 있고, 가르쳐야 한다. 그리스도인들은 영적 진리를 권하고 가르치기 위해 신령한 찬양들을 담은 재생 목록과 음반을 나눌 수 있다. 가사 내용이 성경적이라는 전제하에 음악은 진리를 가르치는 강력한 도구가 된다.

예시

시와 찬송과 음악을 활용하는 것은 서로에게 사역할 때 매우 유용하다. 찬송가 작사가와 작곡가들은 음악을 통해 여러 세대의 사람들을 가르치고 권면해 왔다. 많은 찬송가 작사가들은 많은 분량의 성경말씀을 암송하고 있었다. 그래서 당신은 찬송가를 부를 때 특정 구절이 어느 성경 말씀에서 비롯되었는지 발견할 수 있을 것이다. 그리스도의 말씀이 그들의 마음속에 풍성히 거하고 있었다.

오늘날 몇몇 교회에서 예배 때 사용되는 찬양들을 '성경에 입각한 견고한 콘텐츠인가?'라는 측면에서 평가해 보면, 많은 부족함을 발견할 수 있다. 많은 경우 선율과 박자는 귀에 잘 들어오지만 가사가 말씀에 기반하지 않아서 건전한 신학이 부족하다. 사실 어떤 가사는 완전히 잘못되어 있어서 성경을 아는 사람이라면 '와, 저건 틀렸는데!'라고 생각하기도 한다. 모든 사람이 좋아하는 곡조를 가진 어떤 찬송을 가사의 오류 때문에, 선한 양심으로 부를 수 없다면, 이 얼마나 슬픈 일인가!

당신이 음악 사역에 종사한다면 당신이 사용하는 찬양의 가사와 곡이 모두 성경 말씀에 충실한지, 하나님을 높이는지, 목양적 관점에서 도움이 되는지 주의 깊게 확인하라. 그리스도의 말씀이 당신 속에 풍성히 거하게 하라. 그러면 많은 오류를 예방할 수 있을 것이다.

적용

- 당신이 비록 공식적인 성경 교육을 받지 않았다 하더라도 하나님이 당신에게 가르치시는 것을 다른 사람에게 가르치고 싶은 소원이 있는가? 이번 주에 (비공식적이거나 자연스러운 대화 중에라도) 하나님이 당신의 삶에서 하고 계신 일들에 대해 말하면서 당신이 '가르칠' 수 있는 사람 세 명의 이름을 쓰라.

  1.

  2.

  3.

- 당신이 하나님의 말씀 속에서 얼마나 성령 충만한 삶(성령이 통제하시는 삶)을 살고 있는지 혹은 그렇지 않은지 적어 보라.

- 성경적인 찬송가나 찬양 가사를 어떤 사람하고 나누어서 그 노래가 가르치는 내용으로부터 그가 유익을 얻는 것에 대해 충분히 생각해 보라. 이를 나누고 싶은 사람 세 명의 이름을 쓰라.

1.
2.
3.

17

서로 사랑이 더욱 많아 넘치게 하라

"또 주께서 우리가 너희를 사랑함과 같이 너희도 피차간과
모든 사람에 대한 사랑이 더욱 많아 넘치게 하사"

데살로니가전서 3:12

설명

'서로 사랑하라'는 명령은 신약성경에 열두 번도 넘게 나온다. 이 명령이 다른 모든 '서로_하라' 명령을 요약한다고 해도 과언이 아닐 것이다. 본서의 들어가는 말에서 언급했듯이, 어떤 의미에서 다른 모든 '서로_하라' 명령은 '서로 사랑하라'는 이 하나의 명령을 표현한 것이라고 말할

수도 있다. 그리스도인 간의 관계를 한 단어로 표현한다면 그것은 '사랑'이어야 한다.

> "사랑은 오래 참고 사랑은 온유하며 시기하지 아니하며 사랑은 자랑하지 아니하며 교만하지 아니하며 무례히 행하지 아니하며 자기의 유익을 구하지 아니하며 성내지 아니하며 악한 것을 생각하지 아니하며 불의를 기뻐하지 아니하며 진리와 함께 기뻐하고 모든 것을 참으며 모든 것을 믿으며 모든 것을 바라며 모든 것을 견디느니라 사랑은 언제까지나 떨어지지 아니하되"(고전 13:4-8).

이 말씀을 읽으면 누구든 겸손해질 수밖에 없다. 그런데 여기서 '사랑'을 묘사할 때 행동을 나타내는 여러 동사들이 쓰인 것을 주목하라. 이것들은 감정이 아닌 동작을 나타내는 동사들이다. 우리는 '사랑'이라는 용어를 비성경적인 '느낌'과 뒤섞지 않도록 주의해야 한다. 하나님의 사랑은 주로 순종의 행위이며, 이는 신자들이 반드시 순종해야 하는 명령이다.

데살로니가전서에서 사용된 "더욱 많아 넘치게 하사"라는 표현은 어떤 것이 가득 차 넘친다는 의미를 담고 있다.[12] 신자들은 서로를 너무나 사랑하는 나머지 그 사랑이 비신자들에게까지 흘러넘쳐야 한다. 이것은 모든 사람을 향해 충만한 사랑이다.

우리를 향한 예수님의 사랑처럼, 서로를 향한 우리의 사랑에도 조건이 없어야 한다. 신자의 사랑이 조건적이라면 거기에 무슨 유익이 있겠는가? 사랑이 조건적이라면 그 사람은 자기 자신을 섬길 뿐이다. 마태복음 5장 43-48절은 사랑이 조건적이지 않아야 한다는 점을 적절하게 묘사한다. 받은 사랑에 보답할 수 있는 사람을 사랑하는 것은 쉬운 일이다. 가장 비열한 불신자라도 호의를 되돌려줄 사람에게는 선한 일을 할 수 있다. 그러나 보답할 수 없는 사람들을 사랑하는 것은 어떤가? 예수님은 마태복음 5장 43-48절에서 이 문제에 대해 말씀하신다.

> "또 네 이웃을 사랑하고 네 원수를 미워하라 하였다는 것을 너희가 들었으나 나는 너희에게 이르노니 너희 원수를

사랑하며 너희를 박해하는 자를 위하여 기도하라 이같이 한즉 하늘에 계신 너희 아버지의 아들이 되리니 이는 하나님이 그 해를 악인과 선인에게 비추시며 비를 의로운 자와 불의한 자에게 내려주심이라 너희가 너희를 사랑하는 자를 사랑하면 무슨 상이 있으리요 세리도 이같이 아니하느냐 또 너희가 너희 형제에게만 문안하면 남보다 더하는 것이 무엇이냐 이방인들도 이같이 아니하느냐 그러므로 하늘에 계신 너희 아버지의 온전하심과 같이 너희도 온전하라."

보답하지 않는 사람을 사랑하기가 쉬운가? 아니다. 그렇다면 그것은 그리스도인들이 그런 사람을 사랑하면 안 된다는 말인가? 역시 아니다. 신자는 다른 사람, 심지어 그가 원수라도 사랑할 수 있고 그를 위해 기도할 수 있다. 거듭난 사람의 삶 속에서 역사하시는 하나님이(빌 2:13) 그 사람을 하나님의 명령에 순종할 수 있게 만드시기 때문이다. 이웃과 원수를 사랑하는 능력은 그리스도인의 삶에 분명한 특징이 되어야 한다.[13]

예시

신혼인 톰은 하루에도 여러 번 아내에게 사랑한다고 말했다. 그런데도 조이스는 계속 톰에게 "당신은 날 사랑하나요?"라고 물었다. 톰은 하루에도 수차례 "사랑해요"라고 말하곤 하는데도 왜 조이스가 계속 그 질문을 하는지 이해할 수 없었다. 톰은 혹시 그녀가 깨진 가정에서 자랐거나 예전에 겪은 어려움 때문에 다짐을 많이 받아야 하는 건 아닌지 궁금했다. 그러나 그녀가 계속해서 그 질문을 한 이유는 톰의 사랑 고백이 말에 그쳤을 뿐 그 말을 뒷받침하는 행동이 없었기 때문이었다. 이와 마찬가지로, 동료 신자들을 서로 사랑하라는 명령은 말에 그쳐서는 안 되며, 구체적인 행동으로 증명되어야 한다! 당신이 누군가를 사랑한다고 말하고 그 사랑을 보여 준다면 "당신은 날 사랑하나요?"라는 질문을 더 이상 받지 않게 될 것이다.

적용

- 당신은 요한복음 13장 34-35절 말씀의 명령을 이행하기 위해 어떻게 노력하고 있는가?
  "새 계명을 너희에게 주노니 서로 사랑하라 내가 너희를 사랑한 것 같이 너희도 서로 사랑하라 너희가 서로 사랑하면 이로써 모든 사람이 너희가 내 제자인 줄 알리라."

- 당신이 삶에서 가장 실행하기 어려운 '서로__하라' 명령 세 가지를 적어 보라. 이 명령들을 실행하는 것이 왜 어려운지 설명하고, 그 명령들에 순종하기 위해 어떻게 노력할 것인지 적어 보라.

  1.
  2.
  3.

• 당신이 사랑해야 할 사람 세 명의 이름을 적어 보라. 당신은 어떤 식으로 그들을 사랑하지 않고 방관했는가? 당신의 사랑이 부족했음을 회개하고, 그들에게 보여 줄 수 있는 구체적인 사랑의 행동들을 찾아보라. 기억하라. 사랑이란 그저 느낌에 불과한 것이 아니라 행동을 포함한다.

1.

2.

3.

18

서로 위로하라

"그러므로 이러한 말로 서로 위로하라"

데살로니가전서 4:18

설명

짐 필립스는 그의 주석에서 사람들이 흔히 건네는 몇 가지 말들을 언급한다. "걱정하지 마세요. 모든 일이 다 잘 될 겁니다," "시간을 두고 지켜봅시다. 시간이 해결해 줄 거예요," "힘내요. 더 나쁠 수도 있었잖아요."[14] 이런 말들이 정말로 소망이나 위로를 전하는가? 심지어 그리스도인들도 상투적인 문구들을 사용한다. "하나님이 다스리십니다,"

"하나님이 아십니다." "예수님을 바라보세요." 이런 말은 상대방에게 도움을 주고 영적인 대화를 하기 위한 노력의 일환일 수도 있다. 그러나 이런 기독교적인 문구들도 상투적으로 건넨다면(비록 그것이 진실이라도), 별 위로가 되지 않을 수 있다. 그렇다면 신자들은 어디에서 위로를 얻는가?

우리는 이에 대한 대답을 데살로니가전서 4장에서 데살로니가인들이 위로받은 방식을 통해 찾아볼 수 있다. 18절에서 '위로'에 해당하는 헬라어 단어는 성경의 다른 구절들(살전 5:11; 골 4:8)에서 '격려'라는 의미로 자주 쓰인다. 이 장의 본문인 데살로니가전서 4장 18절에서는 문맥상 '위로'라는 의미로 쓰였다는 것을 분명히 알 수 있다.

데살로니가 그리스도인들은 그리스도께서 이미 재림하셨다고 생각했다. 그래서 그들은 하나님이 무덤에 묻힌 그들의 사랑하는 이들의 몸의 부활에 대한 약속을 지키지 않으셨다고 생각했다. 그래서 바울은 그리스도께서 아직 재림하지 않으셨다는 하나님의 진리의 말씀을 전했다. 이로써, 데살로니가인들은 그들의 염려에서 벗어나 위로를 받았다.

참된 위로는 제한적인 인간의 지혜나 급하게 내놓는 문구가 아니라 하나님의 말씀 사역에서 비롯된다. 즉, 고통받는 자의 어렵고 두렵고 슬픈 상황 속에서 세심하고 긍휼한 마음으로 설명되는 하나님의 말씀이 위로를 가져다준다. 로마서 15장 4절은 "무엇이든지 전에 기록된 바는 우리의 교훈을 위하여 기록된 것이니 우리로 하여금 인내로 또는 성경의 위로로 소망을 가지게 함이니라"라고 말한다. 자신의 영적 부패와 죄로 인해 애통하는 자는 위로를 받는다(마 5:4). 용서의 약속 안에 위로가 있다(요일 1:9). 또한 하나님의 성품과 약속 안에 위로가 있다. 고린도전서 10장 13절에 기록된 하나님의 성품(그의 신실하심)은 우리에게 위로와 소망을 가져다준다.

따라서 데살로니가전서 4장 14-17절에서 바울이 데살로니가 교인들을 위로한 것처럼, 신자들은 하나님의 말씀을 사용해 서로 위로해야 한다.

바울은 예수 그리스도의 재림 전에 죽은 성도들에게 일어날 일에 대해 장엄하게 묘사한 직후에 "그러므로 이러한 말로 서로 위로하라"(살전 4:18)라고 말한다. 신자들은 이 세상의 일들에 너무 마음을 쏟다 보면 중심을 잃고 절망할 수 있다. 따라서 우리는 항상 삶에 대해 영원한 관점을 가져야 한다. 하나님이 그분의 말씀 안에서 약속해 주신 위대한 약속들을 잊을 정도로 시야가 좁아져서는 안 된다. 우리는 하나님의 말씀으로 서로를 격려함으로써 진정한 위로와 소망을 줄 수 있다(시 119:49-50; 시 19:7-8).

예시

친구에게 자신의 어려움이나 고난에 대해 이야기하는 것은 일시적인 안도감밖에 주지 못한다. 그보다는 주님이 다시 오시며 오늘이 그날에 하루 더 가깝다는 것을 상기시켜 주면서 위로하는 편이 더 낫다. 사도 요한이 요한계시록에 "주 예수여 오시옵소서"(계 22:20을 보라)라고 말한 것처럼, 깨어 기도하면서 기다리라고 말해 주라. 청교도 목회자인 리처드 백스터는 그의 임종이 가까워지고 있다는 말을 들었을 때, 천국에 관한 글들을 읽고 이렇게 결론 내렸다. 우리가 하늘의 것(천국이나 그리스도의 재림 등)을 생각하지 않으면 우리는 이 땅에서 별 유익을 얻지 못할 것이다. 그런 마음이 없으면 우리는 세속적인 것을 전혀 초월하지 못한 채 살아가는 다른 모든 사람과 똑같을 것이다.

적용

- 그리스도의 재림에 대한 말씀을 가지고 위로해 줄 사람을 생각해 보라. 천국이 기다리고 있음을 그들에게 말해 주라. 이 세상의 삶은 천국이 아니다. 완전한 천국은 장래에 주어진다.

- 당신은 현재 고난을 겪고 있는 사람들에게 그 고난이 영원하지 않다고 어떻게 격려할 수 있겠는가? 종말론에 대해 논쟁할 필요는 없다. 그리스도는 다시 오시며, 그날은 오늘일 수도 있다.

19

서로 권면하고 덕을 세우라

"그러므로 피차 권면하고 서로 덕을 세우기를
너희가 하는 것 같이 하라"

데살로니가전서 5:11

설명

앞에서 설명한 대로, 영어 성경에 사용된 '위로'comfort와 '권면'encourage은 같은 헬라어 단어를 번역한 것이다. "여기에서는(살전 5:11을 의미함—편집주) 문맥상 서로 위로하라는 구체적인 의미보다 서로 권면하라는 한층 일반적인 의미로 쓰였다."[15]

데살로니가전서 5장 11절 전후의 문맥은 그리스도 안에서 죽은 사람들과 주님의 재림에 대한 내용이다. 바울은 현재의 불확실한 시기를 사는 신자들이 서로 권면하고 덕을 세워야 한다고 말한다. 그들은 서로 함께 하며 서로를 도와야 한다. 그리고 이런 권면의 행위는 산발적이어서는 안 되며 지속적이어야 한다. 하나님은 오늘날에도 신자들이 이렇게 서로 권면할 것을 요구하신다. 사람들은 종종 하나님이 무엇을 하실지 모르면 낙담한다. 그리고 하나님의 말씀에 대한 신뢰가 부족할 때 낙담한다. 신자들은 다른 신자들이 낙담에 빠지지 않도록 붙들어 주라는 명령을 받는다. 신자들이 낙담할 때, 다른 신자들은 그들을 권면하고 덕을 세우기 위해 노력해야 한다.

신자들은 하나님의 말씀으로 권면하기 위해 노력해야 한다. "권면"(살전 5:11)에 해당하는 헬라어가 디도서 1장 9절에서는 "권고"exhort로 번역되기도 한다(개역개정에서는 동일하게 "권면"으로 번역됨—편집주). 히브리서 3장 13절("오직 오늘이라 일컫는 동안에 매일 피차 권면하여 너희 중에 누구든지 죄의 유혹으로 완고하게 되지 않도록 하라")과 10장 25절("모이기를 폐하는 어떤 사람들의 습관과 같이 하지 말고 오직 권하여 그 날이 가까움을 볼수록 더욱 그리하자")에 각각 사용된 "권면", "권하여"라는 용어는 모두 절박성을 지니고 있다. "몸을 구성하는 각 구성원이 성장할 때에야 비로소 몸 전체가 향상된다."[16] 신자들이 서로 권면할 때, 그들은 그리스도의 몸을 세운다.

예시

사도행전 4장에 요셉이라는 한 남자가 언급된다. 그는 권면을 매우 잘해서 "위로의 아들"이라는 뜻의 바나바로 일컬어진다. 그는 마가 요한, 사도 바울 등 누구를 만나든 그들을 권면했다. 사람들이 이름까지 바꿔 부를 정도로 바나바는 사람들에게 깊은 영향을 주었다!

적용

- 다른 사람들이 당신을 권면했던 방법들을 몇 가지 적어 보라. 그러한 행동이 당신에게 어떤 면에서 크게

독려가 되었는가?

1.

2.

3.

- 당신이 최근에 권면한 사람의 이름을 적어 보라. 당신이 그를 권면하기 위해 정확히 어떤 말 또는 어떤 행동을 했는지 적어 보라. 당신의 권면은 그리스도의 몸을 세우는 데 어떻게 기여했는가?

- 특별한 우정을 발전시켜 나갈 수 있도록 기도하라. 청교도들은 동성의 형제 또는 자매로서 자신의 믿음이 자라도록 진정으로 권면해 줄 사람을 'Bosom Friend'(마음을 나누는 친구)라는 독특한 표현으로 일컬었다. 정기적으로 친구에게 몇 가지 질문을 하고 당신에게 같은 질문을 해달라고 부탁해 보라. 당신과

그 친구가 서로에 대한 책임성accountability을 발전시켜 나갈 수 있을 것이다.

- 에베소서 4장 29절에서 바울은 우리의 말까지도 덕을 세우는 것이어야 한다고 가르친다. 당신이 다른 신자와 가장 최근에 나눈 세 번의 대화를 떠올려 보라. 대화 도중에 당신은 그 사람에게 어떻게 권면했는가(아니면 권면하지 않았는가)? 하나님의 말씀에 따르는 언어 생활을 하기 위해 무엇을 바꿔야 하겠는가?

  1.

  2.

  3.

20

서로 화목하라

"그들의 역사로 말미암아 사랑 안에서
가장 귀히 여기며 너희끼리 화목하라"

데살로니가전서 5:13

설명

예수님은 궁극적인 평안을 주신다. 신자는 예수 그리스도를 통해 성부 하나님과 평안을 누린다. 요한복음 14장 27절에서 예수님은 이렇게 말씀하신다. "평안을 너희에게 끼치노니 곧 나의 평안을 너희에게 주노라 내가 너희에게 주는 것은 세상이 주는 것과 같지 아니하니라 너희는 마음에 근심하지도 말고 두려워하지도 말라." 예수님이 신자들에게 평안을 주신다면, 데살로니가전서 5장 13절에서 바울이 "너희끼리 화목하라"는 말을 하게 만든 문제는 무엇이었는가?

데살로니가 교회에는 리더십을 대하는 사람들의 태도에 분명히 문제가 있었던 것으로 보인다. 앞 구절인 데살로니가전서 5장 12절에서 바울은 데살로니가인들에게 교회 지도자들이 그들 가운데서 수고하고 있으니 다스리는 자들을 귀히 여기라고 말한다. 데살로니가 교회 안의 어떤 사람들은 교회 지도자들의 역할에 대한 인식이 부족했던 것으로 보인다. 오늘날의 많은 교회들과 별반 다르지 않게, 어떤 이들이 교회 지도자들에 대해 불평하고 비판하고 있었던 듯하다. 그래서 바울은 그들에게 서로 화목하라고 명령했다. 이는 교회에서 다스리지 않는 사람들만을 위한 명령도 아니고, 다스리는 자들만을 위한 명령도 아니었다. 오히려 모든 이에게 주는 명령이었고, 모두가 이 명령에 귀를 기울여야 했다.

로버트 토머스Robert Thomas는 이렇게 말했다. "화목한 관계가 형성되어야 했다. 지도자들은 그들의 권위를 남용하지 않도록 주의해야 했다. 게으른 자들은 주 안에서 그들을 다스리는 자들을 경시하지 말아야 했다."[17] 화목함이 없으면 일치도 없고, 그리스도 안에서 하나됨도 없을 것이다. 계속해서 데살로니가전서 5장 14절은 화목하게 지내기 위해 다른 부류의 사람들을 어떻게 대해야 하는지에 대해 가르친다. "또 형제들아 너희를 권면하노니 게으른 자들을 권계하며 마음이 약한 자들을 격려하고 힘이 없는 자들을 붙들어 주며 모든 사람에게 오래 참으라." 그리고 15절은 화목함을 유지하는 방법에 대해서 이야기한다. "삼가 누가 누구에게든지 악으로 악을 갚지 말게 하고 서로 대하든지 모든 사람을 대하든지 항상 선을 따르라."

성경은 다스리는 자들이 어떻게 처신해야 하는지 분명하게 말한다(딛 1:6-9; 딤전 3:1-7). 그들은 "너희 중에 있는 하나님의 양 무리를 치되 억지로 하지 말고 하나님의 뜻을 따라 자원함으로 하며 더러운 이득을 위하여 하지 말고 기꺼이" 해야 한다(벧전 5:2). 성경은 또한 몸을 이루는 멤버들이 그들을 다스리는 자들을 어떻게 대해야 하는지도 분명하게 말한다. "너희를 인도하는 자들에게 순종하고 복종하라 그들은 너희 영혼을 위하여 경성하기를 자신들이 청산할 자인 것 같이 하느니라 그들로 하여금 즐거움으로 이것을 하게 하고 근심으로 하게 하지 말라 그렇지 않으면 너희에게 유익이 없느니라"(히 13:17).

오늘날 모든 신자들은 서로 화목하게 지내야 한다. 당신이 다스리는 자이든 아니든, 모든 관계에서 그리스도를 닮은 태도를 지녀야 한다.

예시

당신은 당신의 교회 지도자들을 귀히 여기는가? 그렇다면, 당신은 서로 화목하게 지내는 데 크게 기여하고 있을 것이다. 그러나 교회 지도자들을 귀히 여기지 않는다면, 당신은 일치와 화목함이 부족할 수 있다. 한편, 교회 지도자들은 그들의 권위를 남용하지 말아야 한다. 사도 베드로는 교회 지도자들에게 "맡은 자들에게 주장하는 자세를 하지 말"라고 경고한다(벧전 5:3). 지도자들이 맡은 양 무리를 사랑하고 섬기려 하고, 양 무리는 지도자들을 인정하고 존경하려 하면 서로 화목하게 지낼 것이다. 골로새서 3장 15절은 그리스도의 평강이 신자들의 마음을 주장해야 한다고 말한다.

적용

- 당신은 히브리서 13장 17절 말씀에 순종하고 있는가?

  "너희를 인도하는 자들에게 순종하고 복종하라 그들은 너희 영혼을 위하여 경성하기를 자신들이 청산할 자인 것 같이 하느니라 그들로 하여금 즐거움으로 이것을 하게 하고 근심으로 하게 하지 말라 그렇지 않으면 너희에게 유익이 없느니라."

- 당신의 영적 지도자는 누구인가? 당신은 그들과 화목하게 지내고 있는가? 그렇지 않다면 그 이유는 무엇이며, 그들과 화목하게 지내기 위해 무엇을 해야 할지 말해 보라.

- 당신이 교회에서 다스리는 자라면, 사도행전 20장 17-38절을 읽고 당신의 태도를 바울의 태도와 비교해 보라. 당신의 태도에 개선이 필요하다면 어떤 구체적인 조치를 취해야 할지 적어 보라.

- 당신은 모든 사람과 화목하게 지내고 있는가? 로마서 12장 18절은 "할 수 있거든 너희로서는 모든 사람과 더불어 화목하라"라고 말한다. 다른 사람들이 당신과 화목하게 지내려고 노력하지 않을 수도 있지만, 성경에서 "할 수 있거든" 그렇게 하라고 분명하게 명령하는 만큼 당신은 그들과 화목하려고 해야 한다.

- 당신은 다른 사람들과 화목하게 지내려고 노력하지 않는 것과 관련해 고백할 죄가 있는가? 당신이 화목하게 지내기 위해 더 적극적으로 노력해야 할 신자들에 대해 생각해 보라. 이를 위해 이번 주에 어떤 조치를 취할 수 있겠는가?

21

서로를 위해 선을 추구하라

"삼가 누가 누구에게든지 악으로 악을 갚지 말게 하고
서로 대하든지 모든 사람을 대하든지 항상 선을 따르라"

데살로니가전서 5:15

설명

본문에서 바울은 현재 시제의 동사를 사용하여, 선을 추구하라고 말했다. 이 말씀은 서로를 위해 선을 추구하는 것이 일시적이거나 단발성 행동이 아닌 지속적인 행위여야 한다는 점을 보여 준다. '추구하다seek'(개역개정 성경에서는 '따르다'로 번역함—편집주)라는 단어는 무언가 목표를 설정하고 그것을 달성하려고 하는 것이다. 이것은 냉담한 무관심이 아닌 적극적인 개입이다. 신자들은 서로의 선을 열심히 추구해야 한다.

이 말씀은 신자들에게 다른 신자들("서로")뿐 아니라 불신자("모든 사람")를 위해서도 선을 추구하라고 말하기 때문에, 다른 '서로__하라' 명령들과는 조금 다르다. 인간이 자기 자신의 선을 추구하는 것은 가장 자연스럽고 쉬운 일이다. 자기 가족을 위해 선을 추구하기도 쉽다. 그러나 그 밖의 일에 선을 추구하는 것은 쉽지 않다. 신자는 좋은 감정이 없을 때에도 다른 사람에게 선을 행할 책임을 부담한다.

신자들은 서로를 위해, 모든 사람을 위해 열심히 선을 추구해야 한다. 고린도전서 14장 1절은 우리에게 사랑을 추구하라고 명령하고, 로마서 13장 10절은 사랑은 이웃에게 악을 행하지 않는다고 말한다. 따라서 사실상 서로를 사랑한다는 것은 잘못된 행동을 하지 않는 것뿐 아니라 선을 적극적으로 행하는 것이다.

예시

성경 콘퍼런스에 참석 중이던 한 목사가 어떤 사람과 함께 점심을 먹으러 갔다. 식사를 마친 뒤 목사는 계산대로 갔다가 밥값이 이미 지불되었다는 말을 들었다. 처음에 목사는 그의 동료가 계산한 줄 알았지만, 종업원은 그들의 맞은편 자리에 있던 어느 신사가 계산했다고 말했다. 목사가 그 신사에게 가서 고맙다고 인사하자 그는 이렇게 말했다. "저도 콘퍼런스에 참석 중인데, 목사님이 점심을 드시면서 저 남자분에게 사역을 하시더군요. 그래서 저도 점심을 대접하는 선한 일을 하고 싶었습니다." 이 남성은 선을 추구하고 있었고, 지금도 여전히 이러한 선한 일을 하고 있다. 우리는 그 사람처럼 적극적으로 선한 일을 할 방도를 찾으면서 서로에게 선한 일 행하기를 원해야 한다.

적용

- 어떻게 하면 서로에게, 그리고 불신자들에게 선을 추

구할 수 있을까? 그것은 누군가에게 커피를 사 주는 것과 같은 간단한 일이 될 수도 있다. 어쩌면 당신은 이웃의 잔디를 깎아 주거나 애완견을 산책시켜 주겠다고 제안할 수도 있다. 이웃집에 반찬을 가져다주거나 이웃을 식사에 초대하는 것은 어떠한가? 식사가 아니더라도 디저트 정도는 어떠한가? 선을 행하는 것은 꼭 많은 돈이나 시간을 들이는 것이 아니다. 하지만 관심과 배려가 필요하다.

- 당신이 다른 사람을 위해 선을 추구했던 가장 최근의 일 세 가지를 적어 보라.

  1.

  2.

  3.

- 당신이 선을 추구할 신자 세 사람의 이름을 적어 보

라. 구체적으로 어떤 일을 할 것이며, 그 이유는 무엇인가?

1.

2.

3.

22

서로를 위해 기도하라

"그러므로 내가 첫째로 권하노니 모든 사람을 위하여
간구와 기도와 도고와 감사를 하되"

디모데전서 2:1

설명

본문에 '서로'라는 문구는 없지만, 이는 신자들이 서로에게 부담하는 중요한 책임을 보여 준다. 야고보서 5장 16절은 신자들이 서로를 위해 기도해야 한다고 분명하게 주장한다. "그러므로 너희 죄를 서로 고백하며 병이 낫기를 위하여 서로 기도하라 의인의 간구는 역사하는 힘이 큼이니라." 죄의 고백과 기도의 관계 등 야고보 장로가 쓴 내용은 이 책 후반부에서 더 자세하게 살펴보도록 하겠다. 여기서는 서로를 위해 기도하는 것에만 초점을 맞출 것이다.

디모데전서 1장 20절에서 바울은 후메네오와 알렉산더라는 신성모독자 두 사람을 언급한다. 이들은 교회의 지도자였을 것이고, 많은 사람들에게 나쁜 영향을 미쳤다. 이 문맥에서 바울은 디모데에게 모든 사람을 위해 다양한 기도를 해야 한다고 말한다. 모든 사람을 위해 기도하는 것은 하나님 앞에 선한 일이다(딤전 2:3). 하나님은 모든 사람이 구원받기를 원하시기 때문이다(딤전 2:4).

하나님은 신자들이 기도하기를 원하시고, 특히 이 본문에 의하면 불신 세상을 위해 기도하기를 원하신다. 신자들은 하나님 앞에서 스스로 겸손하여 그들 가운데 잃어버린 사람들에 대한 하나님의 자비를 구해야 한다. 헨드릭슨Hendriksen 등의 주석가들은 1절에 사용된 네 단어, 곧 '간구, 기도, 도고, 감사'에 대해 설명한다. '간구'는 '탄원'이라고도 할 수 있다. 바울은 이 단어를 사용함으로써 "간절하게 느껴지는 특정하고도 명확한 필요의 충족을 위해 호소하는 것에 대해 말한다. [그는] 자신이 하나님께 전적으로 의존하는 존재임을 온전히 자각하고 있다."[18] 이것은 하나님만이 충족시키실 수 있는 요청이다. '기도'는 말 그대로 기도를 의미하는, 한층 일반적이고 포괄적인 단어이다. '청원' 또는 '도고'는 "다른 사람의 이익을 위해 자유로이 대화하기 위해 만나다"[19]와 같은 관념이다. 이것은 다른 사람들의 필요를 위해 구하는 기도이다. 마지막 단어 '감사'는 단순히 "표현된 감사"[20]이다.

오늘날 신자들은 이 세상에서 주위의 필요를 예민하게 살피고, 하나님께서 그분의 구원하시는 은혜를 나타내시길 기도해야 한다. 신자의 바람은 모든 사람이 구원받고 "진리를 아는 데에 이르기를"(딤전 2:4) 원하시는 하나님의 바람과 일치해야 한다.

예시

데이비드는 대학교 신입생이고 신자였다. 그는 3학년이자 불신자인 애덤을 만났다. 데이비드는 애덤이 대학을 졸업

할 때까지 2년 밖에 남지 않았다는 사실을 알고는 복음을 전하고 싶은 마음이 간절했다. 데이비드는 색인 카드에 애덤의 이름을 적고 매주, 때로는 매일 그의 구원을 위해 기도했다. 데이비드에게 애덤과 친해질 기회가 생겼고, 결국 그들은 좋은 친구가 되었다. 하나님의 은혜로 애덤은 데이비드가 그를 위해 기도하기 시작한 지 열다섯 달 만에 구원받는 믿음에 이르게 되었다. 애덤이 믿음을 갖게 된 지 1년 뒤, 데이비드는 애덤에게 그의 이름이 적힌 기도 카드를 보여 주었다. 애덤은 데이비드가 자신을 위해 여러 달 동안 기도해 왔다는 사실을 알고 크게 권면을 받아 자신도 다른 불신자에게 똑같이 해야겠다고 결심했다.

적용

- 당신에게 기도 일기나 기도 노트가 없으면 오늘부터 쓰기 시작하라. 노트나 스프레드시트, 전자 문서의 왼쪽 여백이나 열에 기도 시작 일자를 적으라. 널찍한 가운데 열에는 기도제목을 쓰라. 오른쪽 여백이나

열에는 응답받은 날짜를 쓰라. 범주에 상관없이 모든 기도제목을 나열할 수도 있고, 범주에 따라 장을 나누거나 색인을 사용할 수도 있다. 예를 들어 가족 구성원, 교회 멤버, 직장 동료, 불신자, 선교사, 함께 운동하는 동료, 학교 친구 등을 각각 다른 장이나 색인으로 나눌 수 있다.

- 교회 및/또는 교회 지도자들은 달력에 매 날짜마다 멤버들의 이름을 기입하고, 1년에 걸쳐 그 이름들을 반복해 적은 후 그들을 위해 기도할 수 있다. 대형 교회는 날마다 멤버 몇 사람을 위해, 중소형 교회는 1달 또는 1년에 여러 번 멤버들을 위해 기도할 수 있다. 핵심은 따라하기 쉬운 체계를 갖춰서 서로를 위해 반드시 기도할 수 있게 하는 것이다.

23

서로 격려하라

"서로 돌아보아 사랑과 선행을 격려하며"

히브리서 10:24

설명

어떤 기독교 작가는 "기독교적 사랑의 실체는 기독교 공동체 안에서의 인격적 관계와 서로에 대한 관심으로 증명되어야 한다"고 말했다.[21] 본문 말씀은 그런 관계를 가능하게 하는 실질적인 방법을 보여 준다. 24절을 제대로 이해하려면 25절도 함께 읽어야 한다. "모이기를 폐하는 어떤 사람들의 습관과 같이 하지 말고 오직 권하여 그 날이 가까움을 볼수록 더욱 그리하자." 그리스도인들의 모임은 서로 선행을 격려하는 장이기 때문에 그들은 함께 모이라는 요구를 받는다. 성도들이 정기적으로 함께 모이는 것은 중요하며, 특히 그 날이 가까움을 볼수록 더욱 중요하다.

24절은 서로에 대한 신자들의 실천적인 관심이 그들을 어떻게 세상의 공동체와 구별된 공동체로 만드는지 보여준다. 신자들의 공동체는 불신자들이 갖지 못한 어떤 것을 보여 주는 것이다. 이 구절에서 저자가 사용한 '격려하라'라는 단어는 무엇을 의미하는가? 같은 헬라어 단어를 사용한 다른 신약성경 구절이 약간의 통찰을 준다. 사도행전 15장 39절에는 "서로 심히 다투어 피차 갈라서니 바나바는 마가를 데리고 배 타고 구브로로 가고"라고 기록되어 있다. 히브리서 10장 24절에서 '격려하다'로 번역된 단어가 사도행전 15장 39절에서는 '심히 다투다'로 번역된다. 본질적으로 이 단어는 '자극하다, 심히 다투다, 화나게 만들다'를 의미한다. 같은 단어가 사도행전에서는 부정적으로, 히브리서에서는 긍정적으로 사용된 것이다. 사도행전에서 바울과 바나바 사이에는 '부정적인 자극'이 있었고, 히브리서에 따르면 신자들 간에는 '긍정적인 자극'이 있어야 한다. 같은 단어이고 같은 의미를 지니지만, 다른 맥락에서 다른 의미로 사용된 것이다. 신자들은 어떤 의미에서 다른 신자들의 사랑과 선행을 '자극'해야 한다. 같은 어원을 갖는 단어가 고린도전서 13장 5절에 사용된다. "[사랑은] 성내지 아니하며." 우리는 사랑이 사람들을 부정적으로 자극하지 않는다고 말할 수 있다. 신자들은 사랑과 선행을 위해 서로를 긍정적으로 자극해야 한다. 자극하는 것은 수동적인 '별다른 자극 없는' 행동이 아니다. 동료 신자를 자극하는 것은 의식적이고 강렬한 행동이다. 여기에 수동성은 전혀 없다.

신자들은 다른 사람들이 사랑과 선행을 하도록 자극해야 한다. 옛 속담과 같이 우리는 '그들의 안장 밑의 가시'가 되어야 한다. 선행은 관심과 사랑의 실질적인 표현이고, 모든 신자들에게 기대되는 행동이다(엡 2:10). 그리스도인들은 서로의 삶에서 사랑과 선행을 자극하는 촉매가 되어야 한다.

예시

최근에 병원에서 퇴원하여 집에 있는 어떤 사람에게 식사를 가져다 대접할 것을 요청받았는데 당신이 이에 응할 수 없을 경우, 당신은 그저 미안하다고 말하면서 그 요청을 거절할 수 있다. 그러나 한 단계 더 나아가서, 그날 저녁은 힘들지만 다른 날 저녁은 준비할 수 있다고 제안할 수도 있다. 기회를 그냥 차단하지 말라. 당신에게 그 일을 요청한 사람은 다른 사람을 향한 당신의 선행과 사랑을 격려하려는 것이다.

또 다른 예가 있다. 힘든 시기를 보내고 있는 사람들의 기도제목이 있는데, 이에 대한 후속 조치나 도움이 없다는 것을 알게 되었다고 가정해 보자. 화이트보드나 게시판에 기도제목을 적는 것은 훌륭한 시작이지만, 이는 실질적으로 '서로 격려하라'는 명령을 이행하는 데 미치지 못한다. 당신이 직접 필요를 충족시켜 주려 하거나 다른 사람들에게 돕지 않겠느냐고 요청함으로써 촉매 역할을 할 수 있다. 이 '서로_하라' 명령은 우리가 사는 곳에서 실제로 적용되는 명령이며 우리의 이기심에 반하는 명령이다. 이 명령은 우리가 피곤할 때조차도 어떻게 사랑하고 베풀고 섬겨야 하는지 알려 준다.

적용

- 당신은 어떤 식으로 다른 사람들의 사랑과 선행을 유도하는가? 당신은 어떤 식으로 다른 이들을 위한 촉매 역할을 하는가?

- 당신의 교회에서 겉돈다고 생각되는 사람들의 이름을 써 보라. 당신은 그들에게 어떻게 사역할 수 있을까?

  1.
  2.
  3.

- 당신은 이런 자극을 환영하고, 이런 자극을 주는 사람들에게 감사하는가? 다른 사람들이 당신의 삶에서 촉매가 되려 하고 있다면, 그들이 '서로 격려하라'는 명령을 실천할 기회를 박탈하지 말라.

24

서로 비방하지 말라

"형제들아 서로 비방하지 말라 형제를 비방하는 자나
형제를 판단하는 자는 곧 율법을 비방하고 율법을 판단하는 것이라
네가 만일 율법을 판단하면 율법의 준행자가 아니요 재판관이로다"

야고보서 4:11

설명

야고보서 3장 앞 부분에서 야고보는 혀의 강력한 힘에 대해 말했다. 그리고 이 본문에서는 서로 비방하는slandering 죄(남이 없는 곳에서 그에 대해 험담을 하는 것—편집주)가 서로를 판단하는 죄와 어떤 관련이 있는지 설명한다.

비방한다는 것은 나쁘게 말하는 것이며, 이것은 죄이다. 바울은 로마서 1장 30절 이하에서 비방하는 자는 자신의 죄를 핑계하지 못할 것이라고 주장한다. 바울은 비방하는 자를 "하나님께서 미워하시는 자요 능욕하는 자요 교만한 자요 자랑하는 자요 악을 도모하는 자요 부모를 거역하는 자"(30절)와 같은 목록 안에 나열한다. 여기서 비방한다는 표현의 근거가 되는 헬라어 단어는 "다른 사람을 향한 분별없고, 경솔하고, 부주의하고, 비판적이고, 경멸적이며, 참되지 않은 말"을 뜻한다.[22] 신자가 다른 신자를 비방하기가 얼마나 쉬운 일인가.

흔히 비방에는 뒷말과 험담이라는 두 가지 형태가 있다. 그리고 이 둘의 이면에 있는 마음의 태도는 바로 악의이다. 에베소서 4장 31절을 기억하는가? "너희는 모든 악독과 노함과 분냄과 떠드는 것과 비방하는 것을 모든 악의와 함께 버리고." 악의는 우리가 버려야 할 악행들의 목록에 포함된다. 악의란 다른 사람에게 해를 입히려는 욕구를 의미하며, 서로 비방하는 것은 바로 그 욕구에 근거한다.

험담은 거짓말을 보태 나쁘게 말하는 것이다. 즉 험담은 전적으로 참된 말이 아니다. 여기에서 '신성모독'이라는 말이 유래되었다. 한편 뒷말은 어떤 사람에게 상처를 입히려고 그에 대해 사실일 수 있는 말을 그의 등 뒤에서 말해 비방하는 것을 가리킨다. 누구에게라도 말해서는 안 될 내용을 말하는 것이다. 그것도 우리 스스로를 높이려는 욕구나 그들에게 상처를 입히려는 악한 의도를 갖고 그들의 등 뒤에서 말하는 것이다.

마태복음 12장 36절에서 예수님은 "내가 너희에게 이르노니 사람이 무슨 무익한 말을 하든지 심판 날에 이에 대하여 심문을 받으리니"라고 말씀하신다. 정신을 번쩍 들게 하는 말씀이다. 무심코 다른 신자에 대한 말을 하기는 쉽지만 그것이 덕을 세우지 않는다면(엡 4:29), 그 말은 죄짓는 것이며 그를 비방하는 것이 된다. 야고보가 이미 말했듯이, 혀는 강력하며 제어하기가 어렵다. 따라서 신자들이 악이 아닌 선을 위해 말하는 것이 매우 중요하다. 신자들은 남을 웃기기 위해 또는 남에게 인정받기 위해 누군가를 비방하는 습관을 그쳐야 한다.

예시

때로는 누군가가 당신에게 (또는 문제와 아무 상관 없는 제3자에게) "당신 '이런저런' 일에 대해 들어 봤어요?" 또는 "우리 '이런저런' 일에 대해 기도해야 해요." 등의 말을 하고 나서 그 사람에 대한 비방, 뒷말, 험담으로 말을 이어 나간다. 우리가 다른 사람에 대해 이야기하는데, 그 말이 그 사람의 선이나 유익을 위한 것이 아니라면 우리의 동기는 무엇인가? 사람들은 다른 신자에 대한 사실을 악의적으로(그 사람을 상처 입히려는 의도로) 말할 때가 종종 있다. 그러한 말은 뒷말이다. 또는 어떤 사람에 대해 사실이 아닌 것을 살짝 더해서 말할 수도 있다. 그러한 말은 험담이다.

적용

- 지난 24시간 동안 당신은 다른 사람에 대해 어떤 식으로 나쁘게 말했는가? 당신은 어떤 동기로 그런 말을 했는가? 아래에 그 이유를 적고, 당신의 죄를 고백

하고 회개하라.

1.

2.

3.

- 에베소서 4장 15-32절을 읽고 아래에 나열된 '의사 소통의 네 가지 원칙'에 주목하라. 이 원칙을 외우고 묵상하라. 이 원칙을 당신의 삶 속에서 당장 실천하려고 노력하라. 당신이 이 영역의 어떤 부분에서 실패하고 있는지 찾아보고, 당신의 죄를 고백하고 회개하라. ① 동료 그리스도인들과 더불어 참된 것을 말하기(25절). ② 분을 내어도 죄를 짓지 말며 해가 지도록 분을 품지 말기(26-27절). ③ 말로 사람들을 분열시키지 말고 서로 덕을 세우기(29-30절). ④ 세상의 방식대로 반응하지 말고 예수님처럼 반응하기(31-32절).

25

서로 원망하지 말라

"형제들아 서로 원망하지 말라 그리하여야 심판을 면하리라
보라 심판주가 문 밖에 서 계시니라"

야고보서 5:9

설명

일반적인 성경 번역본은 야고보서 5장 9절에서 불평, 불만, 원망, 원한 중 하나의 단어를 사용한다. 야고보는 다른 사람에게 불평을 늘어놓는 것에 대해 말한 것이 아니며, 다른 형제에 대한 불평을 늘어놓는 것에 대해 말하고 있다. 대개 불평하는 사람은 잘못을 찾거나 비난하거나 책임 전가

를 한다. 본질적으로 서로에 대한 불평을 늘어놓는 것은 당신이 참고 있는 어떤 잘못에 대해 서로를 비난하는 것이다. 사실 그것은 그 사람을 판단하는 것이다. "불평과 원망은 기쁨과 감사와는 정반대이다…그는 그가 겪는 불행에 대해 간접적으로라도 하나님을 비난하는 죄를 짓는다."[23] 다른 사람을 적대시하여 불평하는 사람은 궁극적으로는 하나님을 비난하는 죄를 범하는 것이다.

다른 신자가 당신에게 죄를 저질렀고 그로 인해 해를 입었을 때, 당신은 마태복음 18장 15절 이하의 말씀을 적용해 그 상황을 해결할 수 있음을 명심하라. 그러나 '서로 원망하지 말라'는 명령은 누군가가 당신에게 죄를 지은 상황에 대해 말하는 것이 아니다. 이것은 당신이 어떤 일에 대하여 잘못 없는 누군가를 그저 탓하고 싶어 하는 상황에 대한 말씀이다.

신자는 이런 죄악된 태도를 버리고, 야고보서 1장 2절의 "내 형제들아 너희가 여러 가지 시험을 당하거든 온전히 기쁘게 여기라"라는 말씀을 기억해야 한다. 신자는 시편 기자가 시편 141편 3절에 쓴 대로 "여호와여 내 입에 파수

끈을 세우시고 내 입술의 문을 지키소서"라고 기도해야 한다. 하나님을 높이는 관계를 추구할 때 서로 불평하거나 원한을 품지 않는 것이 중요하다.

예시

예수님은 다른 사람의 눈에 있는 티를 빼려고 하기 전에 먼저 자기 자신의 눈에 있는 들보를 빼라고 말씀하셨다. 우리는 스스로에게만 지나치게 관대하기 쉽다. "저 사람이 …했기 때문에 내가 잘못한 거예요."라는 변명에 대해 생각해 보라. 우리는 자기 잘못에 대해 남 탓을 할 때 그런 말을 한다. 자신의 행동이나 태도("들보")에 대해 책임을 지기보다는 다른 사람을 원망하는 것이다. 창세기 3장에서 아담이 자기 잘못에 대해 하나님과 하와를 탓하는 장면을 살펴보라.

적용

- 최근에 당신이 맞닥뜨렸던 어려운 시련들을 몇 가지 적어 보라.

  1.

  2.

  3.

- 위에 적은 시련들에 대해 각각 어떻게 대처했는지 적어 보라. 그 일 때문에 다른 사람을 원망했는가? 예를 들어 분노하는 죄를 지었다면, 당신은 당신을 화나게 한 상대방을 원망했는가? 당신을 도발한 사람에 대해 당신이 어떤 식으로 대처했느냐는 것은 별개의 문제다. 이 '서로 원망하지 말라'는 명령은 당신이 분노함으로 저지른 죄는 당신이 결정한 것이므로 당신을 화나게 한 그 사람을 원망해서는 안 된다고 지적한다. 필요하다면 죄를 고백하고 회개하라.

26

서로 죄를 고백하라

"그러므로 너희 죄를 서로 고백하며 병이 낫기를 위하여
서로 기도하라 의인의 간구는 역사하는 힘이 큼이니라"

야고보서 5:16

설명

이번 '서로__하라' 명령을 더 철저하게 이해하려면 본문의 앞뒤 구절을 살펴봐야 한다. 야고보서 5장 14-16절은 다음과 같다.

"너희 중에 병든 자가 있느냐 그는 교회의 장로들을 청할

것이요 그들은 주의 이름으로 기름을 바르며 그를 위하여 기도할지니라 믿음의 기도는 병든 자를 구원하리니 주께서 그를 일으키시리라 혹시 죄를 범하였을지라도 사하심을 받으리라 그러므로 너희 죄를 서로 고백하며 병이 낫기를 위하여 서로 기도하라 의인의 간구는 역사하는 힘이 큼이니라."

이 구절이 죄를 고백하면서 기도하는 것이 질병의 치유를 가져온다는 의미인지 아닌지에 대해서는 약간의 논쟁이 있지만, 이는 우리가 다룰 영역 밖의 주제이다. 하지만 성경은 죄가 우리의 몸의 건강에 영향을 미칠 수 있다는 점을 분명하게 밝히고 있다. 다윗은 "내가 입을 열지 아니할 때에 종일 신음하므로 내 뼈가 쇠하였도다"(시 32:3)라고 말한다. 그러나 질병이 반드시 특정한 죄의 결과인 것은 아니다. 예수님의 제자들이 "랍비여 이 사람이 맹인으로 난 것이 누구의 죄로 인함이니이까 자기니이까 그의 부모니이까"라고 묻자, 예수님은 "이 사람이나 그 부모의 죄로 인한 것이 아니라 그에게서 하나님이 하시는 일을 나타내고

자 하심이라"라고 대답하셨다(요 9:2-3).

앞에서 인용한 야고보서의 요점은 먼저 하나님께 자신의 죄를 고백해야 한다는 것이다. 그 후 듣는 자들에게 유익할 경우에 한해서, 다른 사람에게만 죄를 고백해야 한다는 것이다. 야고보의 말은 사제에게 나아가 용서를 구하라는 뜻이 아니며, 하나님께 죄를 고백하는 일 없이 다른 사람에게만 죄를 고백하라는 것도 아니다. 또한 만나는 모든 사람에게 특정한 죄를 고백하라는 것도 아니다. 야고보의 요점은 간단하다. 죄 지은 사람은 그 죄로 인해 피해를 받은 사람을 찾아가서 관계를 회복하려고 해야 한다.

고백한다는 것은 '동의한다'는 의미를 내포한다. 죄를 고백하는 사람은 자신이 하나님의 율법을 어겼다고 하나님께 동의하는 것이다. 어떤 죄든 항상 하나님께 짓는 죄이므로, 우리의 죄 고백은 언제나 하나님과 관련 있다. 하나님께 대한 죄 고백에서 출발하여 우리는 서로 죄를 고백한다. 서로 죄를 고백하는 것은 카타르시스적 체험을 하기 위함이 아니다. 즉 그저 무언가를 속 시원하게 털어놓기 위해서가 아니다. 죄 고백은 듣는 이의 유익을 위한 것이어야 한다. "상호적인 죄 고백은 반드시 상호적인 중보 기도를 촉진하고 유도해야 한다."[24]라고 말한 에드먼드 히버트Edmond Hiebert의 말은 옳다. 누군가의 죄 고백을 들으면 반드시 서로를 위한 기도로 이어져야 한다.

제이 애덤스는 "죄를 고백할 때 사과하기보다 용서를 구하는 것이 중요하다."[25]고 말한다. 그는 또한 서로 죄를 고백하는 방법에 대해 몇 가지 유용한 제안을 한다.

- 지나치게 함축적인 표현은 피하라. 사실에 입각한 단어를 사용하고 가능한 간결하게 말하라. 잠언 10장 19절은 "말이 많으면 허물을 면하기 어려우나 그 입술을 제어하는 자는 지혜가 있느니라"라고 말한다.
- 나쁜 태도로 좋은 말을 망치지 말라. 잠언 25장 11절은 "경우에 합당한 말은 아로새긴 은 쟁반에 금 사과니라"라고 말한다.
- 다른 사람의 죄를 비난하는 말을 포함시킴으로써 죄 고백을 망치지 않도록 주의하라. 예를 들어 "당신이 나에게 못된 장난을 쳤을 때 내가 이리저리 말한 것을 용서

해 주세요."라고 말하지 말라. '당신도 그랬다'는 식의 태도를 경계하라.

- 죄 고백에 변명을 덧붙이지 말라. 예를 들어 "압박을 심하게 받긴 했지만 그런 짓을 해서는 안 됐다고 봅니다."라고 말하지 말라.[26]

죄 고백은 가장 먼저 하나님께 하고(요일 1:9) 그 다음에 다른 사람에게 하는 것임을 항상 명심하라.

예시

당신의 생각 속에서만 범한 죄(그 죄로 인한 말이나 행동이 없을 경우)는 하나님께만 고백하면 된다는 점을 기억하라. 동심원에서 가장 중심에 있는 원에 당신과 하나님이 있다고 생각하라. 그 다음 원에는 당신과 당신이 죄 지은 당사자가 포함된다. 가장 바깥에 있는 원에는 당신과 당신이 죄 지은 다른 모든 사람이 있다.

예를 들어, 한 남자가 성가대에서 찬양하는 어떤 여자에게 음욕을 품었을 경우, 그는 그녀에게 가서 그 죄를 고백해서는 안 된다. 그 죄는 그의 생각 속에만 있었으므로 그 여자가 아닌 하나님께 지은 죄다. 그는 그 문제를 하나님께만 고백하고 첫 번째 원 안에 머물러야 한다. 그 남자가 그 여자에게 죄를 고백하는 것은 아무런 유익이 없다. 그렇게 하면, 오히려 그녀가 성가대에서 찬양할 때 누가 자기에 대해 죄악된 생각을 하고 있음을 알게 되어 극심한 껄끄러움을 느낄 것이고, 이는 사실상 그녀의 예배를 방해하게 된다.

이와 비슷하게, 제인이 캐럴에게 시기심을 느꼈다면 제인은 자신이 그런 생각을 했다고 캐럴에게 고백해서는 안 된다. 제인은 그저 가장 안쪽 원에 머무르면서, 하나님께 그 문제를 고백하고, 시기심 대신에 절제와 올바른 생각을 하기 위한 성경적인 수단을 찾아야 한다. 캐럴이 제인의 생각을 알아야 할 이유가 없다. 그런데 그 시기심이 구체적인 죄악된 행동으로 이어졌다면, 제인은 하나님께(가장 안쪽의 원) 고백할 뿐 아니라 캐럴에게도(두 번째 원) 고백해야 한다. 마음속의 죄가 캐럴에 대한 외적이고 죄악된 행동으로 이어졌기 때문이다.

적용

- 당신의 마음을 잘 살펴보아, 마음에 품은 고백하지 않은 죄(질투, 분노, 시기 등)가 있는지 점검하라. 그런 죄는 가장 안쪽 원에 속한 죄이므로 그것을 오직 하나님께 고백하라.

- 마음속의 죄들이 다른 사람에게 말이나 외적인 행동으로 나타났다면, 다른 사람에게 저지른 후 아직 고백하지 않은 죄들을 적어 보라. 이 죄들을 하나님께 고백하고 회개하라. 그리고 당신이 불쾌하게 만들었을 수 있는 이들에게 이 죄들을 어떻게 고백하고 용서를 구할지 정확히 쓰라.

- 탕자의 비유(눅 15:17-19)가 도움이 될 수 있다. 아버지에게 죄를 지은 탕자가 어떻게 자신의 죄를 고백했는지 살펴보라.

27

서로 대접하라

"서로 대접하기를 원망 없이 하고"

베드로전서 4:9

설명

이 명령은 흥미로운 명령이다. 손 대접은 감독(딤전 3:2; 딛 1:8)이 되기 위한 자격요건일 뿐 아니라 '명부'에 올릴 과부(딤전 5:10)가 되기 위한 구체적인 자격요건이다. 오늘 본문인 베드로전서 4장을 보면, 손 대접이 모든 신자에게 요구되는 덕목임을 알 수 있다. 그러나 이 구절에 쓰인 '대접'이라는 단어는 종종 오인된다. 이 단어는 문자 그대로 '나그네를 사랑하는 자'를 뜻한다. 신자들은 나그네를 사랑하는 자가 되어야 한다! 21세기 미국 관습에 비춰 보면 얼마나 이질적인 개념인가!

2천 년 전의 손 대접은 지금과 사뭇 달랐다. 초대교회에서 '나그네 사랑'은 복음 전파를 용이하게 했기 때문에 지극히 중요했다. 편지 배달원, 목회자, 교사와 같은 여행자들은 다른 신자들의 손 대접에 의존해 복음 전파를 도울 수 있었다. 당시의 여관들은 오늘날과 같지 않았다. "여관에 묵는 것은 바람직하지 않았다. 여관에서는 술 취하고 부도덕한 일들이 자주 벌어졌다. 그 그리스도인은 자신의 신앙에 충실하기 위해서 여관 안에 일반적으로 만연하던 이교도적 관행들로부터 자신을 단절시켰다."[27] "박해자들이 박해를 피해 도망칠 때마다 그리스도인 가정에서 피난처를 찾는 일은 매우 중요했다."[28] 요한삼서 5-6절은 신자가 다른 신자들을 대접하여 어떻게 사랑을 증거하는지 보여준다.

1세기 신자들은 그들의 집에서 교회 예배를 드리게 할 정도로 손 대접을 실천했다. 로마서 16장 5절과 고린도전서 16장 19절은 이 사실을 증언한다. 몇몇 가정은 공예배를 위해 자신의 집을 관대하게 개방했다(몬 2절). 이런 일이 우리에게는 이례적이지만, "처음 200년 동안은 별도의 교회 건물이 없었다."[29] 그래서 신자의 집에서 교회 모임을 갖는 일이 흔했다. 매주 당신의 집에서 교회가 모임을 갖는다고 상상해 보라! 히브리서 13장 2절은 "손님 대접하기를 잊지 말라 이로써 부지중에 천사들을 대접한 이들이 있었느니라"라고 말한다.

안타깝게도 모든 그리스도인이 '기독교적인 손 대접'을 잘 실천하지는 않는다. 신자들이 손 대접의 덕목에서 부족함을 보이는 이유는 무엇일까? 여기 몇 가지 이유를 나열해 본다.

- 어떤 신자들은 단순히 하나님의 명령을 알지 못하고, 삶에서 이런 사례를 본 일이 별로 없다. 그들은 성경이 모든 신자에게 손 대접을 요구한다는 사실을 전혀 몰랐을 뿐이다.
- 손 대접 부족은 서로에 대한 참 사랑의 부족에 원인을

두고 있을 수 있다.

- 어떤 신자들은 귀한 시간과 자원을 오로지 자신에게 사용해 버렸거나 낭비해 버렸기에 손 대접할 여유가 없을 수 있다.

그리스도인들의 손 대접이 부족한 데에는 더 많은 이유가 있을 수 있지만, 그중에서 합당한 이유는 거의 없다. 그리스도인인 우리는 '서로 대접하라'는 하나님의 말씀에 기꺼이 순종해야 한다.

베드로전서 4장 9절 말미에는 "원망 없이"라는 짧은 문구가 있다. 대접하는 사람들은 바른 마음과 태도로 대접해야 한다. 대접을 하기는 하지만 손님이 집에 있는 내내, 또는 그들이 떠날 때 불평한다면 의미가 없다. 대접을 받는 이가 어떤 식으로든 이를 갚지 못할 수도 있다는 사실을 명심하라(눅 14:14). 원망 없이 하는 태도는 손 대접에 있어 지극히 중요한 부분이다. 바울이 사도행전 20장 35절에서 인용한 예수님의 말씀을 기억하라. "주는 것이 받는 것보다 복이 있다."

예시

도움이 된다면 가족 달력의 다음 주일 칸에 '대접하는 날'이라고 기입하라. 이렇게 하면 당신이 일요일 저녁에 누군가를 대접할 거라는 사실을 모든 가족이 알게 된다. 당신이 직접 요리할 수도 있고, 배달 음식을 차려내도 좋다. 근사한 요리도 좋고, 도기 냄비 요리도 좋다. 교회 예배 후에 사람들을 부를 경우, 교회에 가기 전에 도기 냄비를 켜 두면 집에 돌아왔을 때 요리가 다 되어 있을 것이다. 최근에 교회에 새로 나온 사람 등 당신이 잘 모르는 사람들을 초대하라. 결국 손 대접은 나그네를 사랑하는 자가 되는 것을 의미한다. 계획을 하지 않으면 대접을 할 수 없다. 지금 당신의 달력에 표시하라.

적용

- 당신이 한 마지막 세 번의 손 대접은 언제였는가? 당신은 정확히 무엇을 했는가?

1.

2.

3.

- 당신의 동네를 방문할 예정인 선교사나 사역자가 있다면, 그들이 당신의 집이나 친구의 집 또는 지역 호텔에서 묵을 수 있도록 계획을 세우라. 오늘날에도 우리는 복음을 전하는 나그네 된 자들에게 사랑을 보여야 하고, 주님의 명령을 지켜야 한다.

- "성경적, 역사적, 실천적으로 손 대접은 한 가정과 관련된다."[30] 다음 주말 저녁에 모여서 보드 게임이나 비디오 게임 등을 같이 하면 어떠한가? 교회에 새로 나온 사람과 기존 멤버 몇 명을 집에 초대해 가볍게 차를 마시면 어떻겠는가?

- 손 대접은 집 밖에서도 이루어질 수 있다. 가장 최근에 집 밖에서 다른 사람에게 식사를 대접한 일이 언제였는가? 동네 카페에서 짤막한 교제 시간을 갖는 것은 어떤가? 교회에 새로 나온 사람과 간단한 운동을 함께 하며 교제를 나눠 보라. 오늘날의 문화에서 당신은 어떤 실천적인 방식으로 손 대접을 할 수 있겠는가? 아래에 나열해 보고 이를 달력에 반드시 기입하라.

  1.

  2.

  3.

- 당신은 좋은 손님인가? "손님이란 물고기와 같아서, 3일이 지나면 냄새가 나기 시작한다."는 옛 격언을 명심하라. 지나치게 오래 대접을 받으며 머무르지 않도록 조심하라. 또한 당신이 손님이든 집주인이든, 당신은 그곳에서 섬겨야 하며 섬김을 받으려고만 해

서는 안 된다는 사실을 명심하라(막 10:45).

- 이 주제에 대한 한층 심도 있는 고찰을 위해서는 알렉산더 스트라우치Alexander Strauch의 《*The Hospitality Commands*》(손 대접 명령)를 읽어 보라.

28

서로 섬기라

"각각 은사를 받은 대로 하나님의 여러 가지 은혜를 맡은 선한 청지기 같이 서로 봉사하라"

베드로전서 4:10

설명

베드로전서 4장 10절의 가르침은 성경에서 낯선 개념이 아니다. 비슷한 진술이 갈라디아서 5장 13절("형제들아 너희가 자유를 위하여 부르심을 입었으나 그러나 그 자유로 육체의 기회를 삼지 말고 오직 사랑으로 서로 종 노릇 하라"), 로마서 12장 6-8절("우리에게 주신 은혜대로 받은 은사가 각각 다르니 혹 예언이면 믿음의 분수대로, 혹 섬기는 일이면 섬기는 일로, 혹 가르치는 자면 가르치는 일로, 혹 위로하는 자면 위로하는 일로, 구제하는 자는 성실함으로, 다스리는 자는 부지런함으로, 긍휼을 베푸는 자는 즐거움으로 할 것이니라"), 고린도전서 12장 7절("각 사람에게 성령을 나타내심은 유익하게 하려 하심이라"), 에베소서 4장 12절("이는 성도를 온전하게 하여 봉사의 일을 하게 하며") 등에도 등장한다. 하나님은 모든 신자에게 영적 은사를 주셨다. 영적 은사는 자기 자신의 덕을 세우기 위한 것이 아니다. 고린도전서 14장 12절은 "그러므로 너희도 영적인 것을 사모하는 자인즉 교회의 덕을 세우기 위하여 그것이 풍성하기를 구하라"라고 명시한다. 이 말씀은 신자들이 어떤 영적 은사를 갖고 있든 간에, 그것으로 다른 신자들을 섬겨야 한다는 뜻이다.

그리스도인은 단지 하나님의 청지기일 뿐이다. 하나님이 주신 영적 은사와 그 밖의 모든 소유는 교회의 유익을 위해, 즉 동료 신자들의 유익을 위해 사용되어야 한다. 모든 사람은 청지기이므로 자신이 가진 것을 반드시 주인의 뜻에 따라 사용해야 한다. 이는 신자가 그의 은사와 그 밖의 소유물을 반드시 다른 사람을 섬기기 위해 사용해야 한다는 것을 의미한다. 어떤 작가는 "위탁은 맡은 사람의 즐거움을 위한 것이 아니다. 그는 그가 섬기는 사람들의 유익을 위해 그 은사를 사용할 책임이 있다."[31]라고 말한다.

요한복음 13장은 신자들이 서로 어떻게 섬길 수 있는지를 보여 주는 위대한 예시이다. 손님이 집에 들어오면 그 집의 종이 발을 씻겨 주는 것이 당시의 관습이었다. 그러나 이 특별한 날 저녁(마지막 만찬—편집주)에 예수님과 제자들이 식사 자리에 앉았지만, 누구도 그들의 발을 씻겨 주지 않았다. 제자들은 그 관습에 익숙해져 있었기에 그들의 발이 씻겨지지 않았다는 사실을 잘 알고 있었다. 그런데 갑자기 예수님이 겉옷을 벗고 제자들의 발을 씻기기 시작하셨다(요 13:5). 그 자리에 있는 사람들에게 얼마나 충격적이었겠는가! 그 일을 하신 뒤에 예수님은 이렇게 말씀하셨다. "내가 너희에게 행한 것 같이 너희도 행하게 하려 하여 본을 보였노라"(요 13:15).

서로 섬기는 것은 그 섬김이 외적으로 두드러지거나 보는 이들의 갈채를 받을 때는 쉬운 일이다. 그러나 그 섬김이 다른 사람들의 시선에서 감춰져 있을 때 그것은 더욱 진실된 것이 된다. 예수님은 "사람에게 보이려고 그들 앞에서 너희 의를 행하지 않도록 주의하라 그리하지 아니하면 하늘에 계신 너희 아버지께 상을 받지 못하느니라"(마 6:1)라고 말씀하셨다.

예시

한 성경 교사는 영적 은사에 대해 다음과 같이 말했다.

- 당신은 당신의 은사를 사용하는 것을 즐길 것이다. 당신의 은사 사용에 항상 개선의 여지가 있고 더 능숙해질 여지가 있을 것이지만, 그럼에도 당신은 하나님이 당신에게 주신 은사를 사용할 때 즐거울 것이다.
- 다른 이들이 당신의 은사를 알아본다. 그들은 당신이 그것을 위해 지음 받았고 그 일을 해야 한다고 말한다.
- 하나님이 그 은사를 통해 사람들에게 복을 내리시는 것 같다.

다시 말해, 영적 은사가 있다면, 당신이 그것을 즐거워하고, 다른 사람들이 그것을 인정하고, 하나님이 그 위에 복을 내리시는 것 같다는 것이 핵심이다.

당신이 그리스도의 몸 안에서 어떤 은사를 받았는지 찾아내려면 다른 사람들을 섬기기 시작해야 한다. 그저 사람들이 만든 '영적 은사 검사' 같은 것을 받는다고 될 일이 아니다. 이런 검사는 하나님의 사람들마다 겪는 마음의 어려움(사람에 대한 두려움, 관심받기를 좋아함 등) 때문에 결과가 왜곡될 수 있다. 영적으로 성숙한 성도들은 어린 신자들이 그리스도의 몸 안에서 여러 방면으로 섬기면서 어떤 영역에서 은사를 받았는지 탐구할 수 있도록 인도해 주어야 한다.

은사 검사를 받던 시기에 나는 교회에서 실제로 섬기는 일을 하고 있지 않았다. (캠퍼스 교회에서 오르간이나 피아노 반주로 섬기기는 했지만, 사실 나는 내가 반주자로서 그리스도의 몸을 섬기도록 은사를 받은 것이 맞는지 고민하고 있었다. 게다가 그 당시에 나 말고는 반주할 사람이 없었기에 반주를 했다.) 은사 검사를 받을 때, 나는 사람들 앞에서 말하는 것을 좋아하거나(절대 아니다!) 말할 기회를 찾아다니는지(이것 또한 절대 아니다!) 등을 묻는 표준적인 질문을 받았다. 검사 결과, 나에게는 말하는 은사가 없다는 결론이

났다. 그런데 그 검사는 몇몇 요소들(죄, 교만, 이기심 등, 내 마음속에 존재했던 문제들)을 고려하지 않았다. 그러한 것들이 당시 내 마음속에 자리 잡고 있었기 때문에 그것들이 내가 부르심 받은 대로 행하지 못하게 막았을 수도 있었다. 사람에 대한 두려움이 내 답변의 이면에 있었다. 나는 사람에 대한 두려움이 있음을 인정하고 그것을 회개해야 했다. 나는 내 아내는 물론이고 삶에서 만난 경건한 멘토들이 내가 받은 영적 은사를 자각하고 확신하도록 도와준 것에 대해 매우 감사한다.

적용

- 당신의 영적 은사는 무엇이라고 생각하는가? 교회 지도자들과 가까운 친구들도 당신의 생각에 동의하는지 확인해 보라.

- 가장 최근에 당신의 영적 은사로 다른 사람을 섬긴

것은 언제인가? 당신은 무엇을 했는가? 그것이 다른 사람에게 유익을 주었는가 아니면 당신 자신만 유익을 얻었는가? 다른 사람에게 어떤 유익을 주었는가? 교회에 어떤 유익이 되었는가? 그저 다른 사람들의 눈에 띄려고 섬기지는 않았는가?

- 당신은 다른 사람들이 섬기지 않는 방식으로 섬기고 있는가? 사람들이 꺼리는 임무를 맡고 있는가? 필요하다면 매주 토요일 아침마다 교회 화장실을 청소하는 일이라도 기꺼이 하겠는가? 그리 내키지는 않지만 교회나 다른 신자를 위해 할 수 있는 세 가지 일을 적어 보라.

  1.
  2.
  3.

• 당신의 섬김은 하나님께 드리는 예배의 행위임을 명심하라(골 3:22-24; 고전 10:31). 서로 섬기는 것은 하나님을 섬기는 방법 중 하나다.

29

서로 겸손하라

"젊은 자들아 이와 같이 장로들에게 순종하고 다 서로 겸손으로
허리를 동이라 하나님은 교만한 자를 대적하시되
겸손한 자들에게는 은혜를 주시느니라"

베드로전서 5:5

설명

베드로전서 5장은 장로들의 의무에 대해 설명한다. 장로들은 양 무리를 치되 자원함으로 하고, 더러운 이득을 위하여 하지 말며(2절), 맡은 자들에게 주장하는 자세를 하지 말고, 본이 되어야 한다(3절). 장로들은 목자장이신 예수 그리스

도의 하위 목자들undershepherds이어야 한다(4절). 이런 문맥에서 베드로는 "다 서로 겸손으로 허리를 동이라"라고 말한다. 베드로는 여기서 왜 이렇게 썼을까? 베드로는 장로들에게 그들이 해야 할 일에 대해 말하면서, 동시에 젊은 자들에게 장로들에게 순종하라고(5절) 말한다. 그리고 그 말을 한 직후에 다 서로 겸손하라고 썼다. 장로들은 맡은 일이 많고 눈에 잘 띄기 때문에 교만해질 수 있다(딤전 3:6 참조). 젊은 자들은 자신들이 권위를 덜 갖고 있다는 이유로 분개할 수 있고, 그들 역시 교만해질 수 있다. 이런 맥락에서 베드로는 모두 겸손해야 한다고 말한다. 베드로는 한 무리의 사람들에게만 명령한 것이 아니라, 모든 사람에게 명령하고 있다.

에드먼드 히버트는 다음과 같이 흥미로운 진술을 한다.

> **겸손** 또는 **낮은 마음**이 그들의 인간관계의 특징이 되어야 한다. 이 용어는 자기비하나 노예근성을 말하는 것이 아니라, 다른 사람을 섬기기 위해 기꺼이 낮은 자리를 자처하는 것을 뜻한다. 이는 자기를 높이는 것과는 정반대이다.

> 이런 겸손의 자세는 분명히 그리스도인의 미덕이다. 트렌치Trench는 겸손이라는 단어가 "그 자체로 복음의 열매이다. 어떤 헬라 작가도 기독교 시대 전에 혹은 기독교 작가의 영향을 받지 않은 상태에서 이 용어를 사용하지 않았다."고 말한다.[32]

겸손을 보여 주는 가장 훌륭한 그림은 바로 예수 그리스도의 성육신이다. 빌립보서 2장 8절은 이 장면을 가장 생생하게 묘사한다. "자기를 낮추시고 죽기까지 복종하셨으니 곧 십자가에 죽으심이라."

예시

베드로는 "허리를 동이라"라고 말하면서, 마지막 만찬 때 제자들의 발을 씻기려고 허리에 수건을 두르시던 예수님의 본을 떠올렸을 것이다. 예수님이 친히 겸손의 본을 보이셨기에 신자들 역시 서로에게 똑같이 해야 한다. 진정한 겸손함을 갖추는 것은 매우 어려운 일이다. 오늘날의 신자가 그날 밤에 다락방에 있었다면, 종처럼 행동하며 다른 사람의 발을 씻겼겠는가? 그럴 가능성은 희박하다! 그러나 그것이 바로 예수님이 오늘날의 신자들에게 요구하시는 행동이다. 신자는 기꺼이 다른 사람을 섬기는 종이 되어야 한다. 신자는 교만을 벗어 버리고 겸손을 옷 입어야 한다.

적용

- 당신이 겸손한 종의 모습으로 다른 사람을 섬겼던 가장 최근의 행동 세 가지를 적어 보라. 그 일이 언제였는가?

  1.
  2.
  3.

- 당신은 교회에서 장로인가? 아니면 다른 사람들의 권위에 복종해야 하는 젊은 자인가? 베드로전서 5장 5

절은 다른 사람에게 어떻게 행해야 한다고 말하는가?

- 이 주제에 대한 한층 심도 있는 고찰을 위해서는 스튜어트 스콧의 《*From Pride to Humility*》(교만에서 겸손으로)를 읽어 보라. 이 책은 우리의 교만이나 겸손의 징후들에 대해 많은 것을 말해 준다.

30

서로 문안하라

"너희는 사랑의 입맞춤으로 서로 문안하라 그리스도 안에 있는
너희 모든 이에게 평강이 있을지어다"

베드로전서 5:14

설명

다음과 같은 짤막한 대화에 대해 생각해 보라. 당신이 꽤 자주 들었을 법한 대화다. "안녕하세요. 어떻게 지내세요?" "잘 지내요. 고마워요. 당신도 잘 지내죠?" "네. 고맙습니다."

오늘날의 문안 인사는 통상 의례적인 말에 불과하다.

"만나서 반갑습니다," 또는 "잘 지내시죠?"라는 인사말에는 "나는 당신과 아는 사이입니다."라는 의미만 담겨 있다. 오늘날 많이 쓰이는 문안 인사에는 별 의미가 담겨 있지 않은 것 같다. 불행하게도 그리스도인들 사이에서도 이런 현상이 발견된다. 그리스도인들 간의 문안은 이 세상의 문안과 별반 다르지 않다. 하지만 신자들 간의 문안에는 더 큰 깊이와 친밀함이 필요하다. 하나님은 가벼운 몇 마디 말이 아닌, 형제 사랑으로 행하는 진심 어린 문안을 요구하신다.

베드로전서 5장 14절의 '서로_하라' 명령은 신약성경에서 최소한 네 번 반복되는데(롬 16:16; 고전 16:20; 고후 13:11-12; 살전 5:26), 각 구절에서 '거룩한 입맞춤'이 언급된다. 이 거룩한 입맞춤은 무엇인가? 본질적으로 '입맞춤'은 친밀함의 표현이고, '거룩하다'라는 형용사는 성화의 표현이다. 진 게츠Gene A. Getz는 이를 "순수한 동기를 갖고 서로 문안하라."[33]로 바꿔 말한다. 이것이 바로 오늘날의 신자들이 해야 할 일이다. 히버트는 "마음의 태도는 외적 행동을 불러일으켜야 한다."[34]고 말한다. 오늘날의 신자들은 성경에서 가장 긴 문안 목록인 로마서 16장의 용어들을 모방할 필요가 있다.[35] 로마서 16장에 등장하는 '일꾼, 동역자, 내가 사랑하는, 존중히 여겨지는, 인정함을 받은, 친척, 택하심을 입은, 형제들'과 같은 친밀감 있는 용어에 주목하라. 오늘날의 신자들도 서로 문안하면서 애정을 드러내야 한다.

예시

이 본문을 다룰 때 몇 가지 문화적인 사안을 고려해야 할 수 있다. 히버트는 이렇게 말했다. "사도가 이런 형태의 문안을 만들지 않았다는 사실에 주목해야 한다. 이런 문안은 이미 흔하게 행해지던 관습이었다."[36] 그는 또한 "서양 교회에서 의례로서의 입맞춤은 13세기 말엽에 거의 완전히 사라졌다."[37] 고 덧붙였다. 그렇다면 오늘날의 신자들은 문안을 어떻게 해야 할까? 다음과 같이 적용하면 가장 좋을 것이다.

예를 들어, 미국에서 대부분의 그리스도인 남성들은 서로 입맞춤을 하지 않는다. 마찬가지로, 근동 지방의 대부분의 문화에서도 입맞춤을 문안의 한 형태로 장려하지 않는다. 대신 어떤 문화권에서는 두 손을 모두 사용해 악수를 함으로써 사랑과 존중을 보여 준다. 이런 인사는 허리를 굽혀 인사하는 행위를 동반할 수도 있다. 이번 '서로_하라' 명령의 특정 부분(입맞춤)은 적용되지 않을 수도 있지만, 일반적인 원칙은 그대로 적용된다. 어떤 사람을 만나든 우리는 그에게 애정과 존경을 담아 문안을 해야 한다. 그리고 화평의 영으로 문안해야 한다.

적용

- 누가복음 11장 43절에서 예수님은 "화 있을진저 너희 바리새인이여 너희가 회당의 높은 자리와 시장에서 문안 받는 것을 기뻐하는도다."라고 말씀하신다. 이 말씀이 당신에게 해당하는가? 당신은 문안을 받으려 하는가 아니면 다른 사람에게 문안하려 하는가?

- 최근에 당신이 문안하기를 소홀히 한 사람들의 이름을 적어 보라. 그 이유는 무엇인가? 이에 대해 죄가 얽혀 있다면 지금 고백하고 회개하라.

  1.

  2.

  3.

31

서로 교제하라

"그가 빛 가운데 계신 것 같이 우리도 빛 가운데 행하면
우리가 서로 사귐이 있고 그 아들 예수의 피가
우리를 모든 죄에서 깨끗하게 하실 것이요"

요한일서 1:7

설명

교제fellowship란 무엇인가? 어떤 이들은 교제를 "공통점을 갖는 것,"[38] "공동 소유권,"[39] "협력 관계"[40]라고 말했다. 이런 표현들은 현대의 많은 교회들이 커피와 도넛을 먹으며 이야기를 나누는 시간과 전혀 다르지 않게 들린다. 교제

라는 용어는 오늘날 아주 느슨하게 사용된다. 오늘날 교제는 단순히 밥을 먹거나 비슷한 문화적, 인종적 배경을 가진 사람들이 한 공간에서 모임을 갖는 시간이 되었다.[41] 한 작가는 "그리스도인의 교제는 개개인이 무작위로 모여 나누는 감정적, 피상적인 애착 관계가 아니라, '그리스도 안에' 있으며 이를 통해 서로에게 속하는 사람들이 갖는 심오한 상호적 관계다."[42]라고 정확하게 말했다.

참된 교제가 일어날 때, 각 사람이 예수 그리스도와 갖는 교제가 매우 분명하게 드러난다. 신자가 하나님과 친밀하게 동행하면 그는 필연적으로 다른 신자들과도 친밀하게 지내게 된다. 그런데 오늘날, 다른 신자들과 실질적으로 교제하지 않는 사람들이 많다. 하워드 마샬Howard Marshall은 "다른 그리스도인들과의 교제에서 자신을 단절시키는 사람은 하나님과의 교제도 불가능하다."[43]고 주장했다. 요한일서 본문을 대충 훑어보기만 해도 이 점은 분명하게 드러난다. 사람은 빛 가운데 행하며 하나님과 바른 관계를 가짐으로써[44] 필연적으로 성부 하나님과 교제를 하게 된다. 성부 하나님과의 일치와 심도 있는 상호 관계는 결국 다른 신자들과의 일치와 성경적인 관계로 이어진다.

이 '서로_하라' 명령은 모든 '서로_하라' 명령의 정점이라고 말할 수 있다. 하나님이 명령하신 대로 다른 여러 '서로_하라' 명령들을 실천하면, 참된 교제는 필연적으로 일어난다. 성경적인 교제를 구현하는 가장 좋은 방법은 다른 '서로_하라' 명령들을 실행하는 것이다.

예시

어떤 사람들은 "이리 와서 우리랑 교제합시다." 또는 "다음 주일 예배 후에 교제 시간을 갖겠습니다."라고 말한다. 그런데 그리스도인들은 이때 '교제'라는 말을 적절하게 사용하고 있는 것일까? 우리는 어떤 단어를 쓸 때 그 단어가 하나님의 말씀 속에서 무엇을 의미하는지 혹은 어떻게 사용되는지에 대해 생각하지 않고 쓸 때가 많다. 이제 '교제'라는 단어의 참된 의미를 서로에게 다시 가르쳐 줄 때가 된 것 같다.

적용

- 이번 주에 당신이 어떤 교제를 나눴는지 아래에 적어 보라.

  1.

  2.

  3.

- 위에 나열한 교제들을 하면서 어떤 '서로__하라' 명령을 실천했는가? 여러 가지 '서로__하라' 명령들을 실천했을 수 있을 것이다.

- 당신의 삶에 다른 사람과의 교제를 방해하는 죄들이 있는가? 있다면 그 죄를 고백하고 회개하고 삶의 변화를 추구하라. 참고로 요한일서 1장 6절을 보라.

마치기 전에

여러분과 31가지 '서로__하라' 명령을 살펴보았지만, 몇 가지를 추가하고 싶다. 부록 A~D를 통해 다음의 네 가지 명령들을 덧붙인다.

서로 분방하지 말라

"서로 분방하지 말라 다만 기도할 틈을 얻기 위하여 합의상
얼마 동안은 하되 다시 합하라 이는 너희가 절제 못함으로 말미암아
사탄이 너희를 시험하지 못하게 하려 함이라"

고린도전서 7:5

설명

이 본문은 기혼자가 자신의 배우자에게 결혼생활의 의무를 이행하지 않는 것에 대해 다루고 있기 때문에, 결혼한 부부에게만 적용 가능한 명령이다. '분방하다'라는 동사는 기본적으로 '속여 빼앗다, 훔치다, 강탈하다' 등과 같은 뜻이다. 성관계는 결혼생활의 중요한 측면이다. 따라서 어떤 사람들은 배우자를 상대로 성관계를 협상 도구나 무기로 사용한다. 분별력 있는 신자들이라면 짐작하겠지만, 성을 이런 식으로 이용하는 것은 분명히 비성경적이다. 배우자를 성적으로 만족시키는 것은 결혼생활에 있어서 선택사항이 아닌 필요조건이다. 고린도전서 7장 5절 앞에 나오는 구절들은 기혼자가 자신의 배우자에게 성관계라는 영역에서 '의무'가 있음을 충분히 명료하게 보여 준다. 한 작가는 "결혼생활에서 성관계 지속이라는 필요조건은 상호 간의 채무 지급이라는 용어로 강조된다."[45]고 말한다. 우리는 자신의 배우자에게 빚을 지고 있으며 이것이 보류되어서는 안 된다.

결혼생활에서 정기적인 육체적 관계의 유일한 예외는, 제한된 시간 동안 기도할 목적이 있을 때이며 이는 합의하에 이루어져야 한다. 성경적 상담가 제이 애덤스는 그 밖에는 어떤 이유로라도 결혼생활에서 성관계를 보류하는 것은 죄라고 주장한다.[46] 배우자와의 성관계를 보류하는 것이 죄라고 생각해 본 적 있는가? 고린도전서 7장 5절에서 바울의 가르침은 그것을 죄라고 명시한다. 애덤스는 그의 논지를 이어 나가면서, 이와 같은 이유로 법적인 차단 또한 부부의 분리와 분방을 가져오므로 같은 이유로 비성경적이라고 말한다.[47] 기도 때문에 성관계를 보류하는 기간이 끝나면 배우자는 정기적인 성관계를 지속해야 한다.

예시

당신은 자신이 성관계를 의도적으로 보류하는 게 아니라고 말할 수도 있다. 그러나 당신은 의도적인 이행을 하지 않고 있다. 이 '서로_하라' 명령은 의도적인 제공을 수반한다. 당신은 당신의 금욕을 "내가 너무 바빠서," "교회에서 할 일이 너무 많아서," "아이들이 너무 가까이 있어서" 등의 변명거리로 정당화할 수 없다. 당신은 이 영역에 특히 신경을 써 육체적인 긴밀함과 친밀함을 간과하지 않아야 한다. 이것은 주님이 당신에게 주신 명령이다. 성적으로 결합하려는 욕구가 있는데 이것이 좌절된다면 유혹을 받는 심각한 빌미가 생긴다. 부부 각 사람은 부부의 친밀도에서 어느 정도의 '정기적인' 빈도수가 그들에게 적합한지 상호 간에 결정하고, 필요하다면 경건한 상담가에게 조언을 구해야 한다.

적용

- 당신이 기혼자라면 당신은 배우자와 정기적인 성관계를 갖고 있는가? 성경이 당신의 행동을 용납하는가 아니면 정죄하는가? 후자의 경우라면 회개하고 하나님과 당신의 배우자에게 죄를 고백하라.

- 결혼한 관계라도 성관계에 대해 논의하는 것이 어려울 수 있다. 아래의 참고 도서들이 도움이 될 것이다.
  - Mack, Wayne A. *Strengthening Your Marriage*. 2d ed. Phillipsburg, NJ: P&R Publishing, 1999.
  - Peace, Martha. *The Excellent Wife: A Biblical Perspective*, rev ed. Bemidji, MN: Focus Publishing,

Inc., 1999.

- Wheat, Ed and Gaye. *Intended for Pleasure*. 3d ed. Grand Rapids: Fleming H. Revell, 1997; reprint, 2001.
- Wheat, Ed. and Gloria Okes Perkins. *Love Life for Every Married Couple*. Grand Rapids: Zondervan Publishing House, 1980.
- Scott, Stuart. *The Exemplary Husband*. Bemidji, MN: Focus Publishing, Inc., 2000.

B

서로 기다리라

"그런즉 내 형제들아 먹으러 모일 때에 서로 기다리라"

고린도전서 11:33

바울 서신을 보면, 고린도 교회가 주의 만찬을 위해 함께 모였을 때 문제가 있었다는 사실이 여실히 드러난다. 1세기의 성찬식은 오늘날 대부분의 교회에서 행하는 성찬식과 같지 않았다. 1세기 교회들은 함께 모여서 식사의 일환으로 성찬을 거행했다. 바울은 사람들이 그리스도께서 십자가에서 행하신 사역을 묵상하기 위해서가 아니라 음식으로 배불리려는 목적으로 성찬식에 모인다고 말한다. 그런 식으로 성찬에 참여하는 이들은 동료 신자를 기다리는 서로 사랑을 실천하지 않았다. 오히려 그들은 먼저 자신의 배를 채우려고 했다. 사이먼 J. 키스트메이커는 "고린도 신자들은 성찬을 위해 함께 모일 때 그 성찬의 목적이 육적인 양분보다도 영적인 양분에 있음을 깨달아야 했다."[48]고 말한다. 바울의 글은 고린도 교회 교인들이 기독교적인 사랑과 돌봄을 드러내지 않았고, 자기중심적이며 자신의 육체적인 굶주림만 중요하게 여겼음을 보여 준다.

오늘날 대부분의 기독교 교회는 성찬 준비의 일환으로 식사를 공들여 차리지 않는다. 따라서 배고픈 사람이 교회에 와서 성찬식 빵을 게걸스럽게 먹을 가능성은 거의 없다. 그러나 오늘날의 신자들은 이 '서로_하라' 명령에서 서로 기다리라는 중요한 원칙을 취할 수 있다. 오늘날의 그리스도인들은 자신의 필요보다 다른 사람의 필요를 먼저 구하는 태도를 가져야 한다. 신자들은 자기중심적인 죄악된 성향을 드러내기보다 인내하면서 다른 사람에게 집중하려고 노력해야 한다. 고린도 교인들은 주의 만찬을 먹고 기념하려고 모였을 때, 다른 사람들보다 자신을 우선시했다. 오늘날의 그리스도인들은 "자기보다 남을 낫게 여기고"(빌 2:3)

자신보다 다른 사람을 우선시해야 한다.

예시

본문의 '서로 기다리라'는 명령의 주된 의미가 오늘날 문자 그대로 적용되지 않을 수 있으나, 그 원칙은 확실히 적용될 수 있다. 예를 들어 교회 점심식사 대기줄에 다른 사람을 먼저 서게 한다거나, 당신의 좋은 자리를 다른 사람에게 권할 수 있다(약 2:3 참조). 식사 자리에 여섯 명이 있는데 앙트레로 나온 고기가 다섯 쪽밖에 없다면 당신 몫을 포기할 수 있을 것이다. 다른 사람을 위해 문을 잡아 주거나 엘리베이터에서 먼저 나가게 하는 등의 행동이 오늘날에 '서로 기다리라'는 명령을 적용한 예이다.

늘 분주하게 살아가는 바쁜 삶 속에서, 이 명령에 순종하여 다른 사람을 먼저 지나가게 해 보라. 너무 서두르느라 아내보다 세 걸음은 더 앞서 걷는 남편을 본 적이 있는가? 자기가 더 빨리 걸으면 아내가 따라올 것이라고 기대하는 것처럼 말이다. 배우자가 제대로 차를 타기도 전에 후진부터 하는 사람도 종종 있다.

오늘날 이 원칙을 구체적으로 적용할 수 있는 일은 무수히 많다. 성경에 나오는 다른 '서로_하라' 명령을 실천하다 보면, 당신은 '서로 기다리라'는 명령에 순종하게 될 것이다.

적용

- 당신이 교회 행사에서 다른 사람들을 기다리지 못했던 구체적인 사례들을 나열해 보라. 이것들을 고백하고 회개하고, 변화하기 위해서 곧바로 어떤 조치를 취할 것인지 자세히 말해 보라. 곰곰이 잘 생각해 보고 아래의 다섯 칸에 적어 보라. 우리는 우리 자신의 죄를 자각하는 데 둔하므로, 자신의 죄에 대해 시간을 들여 진지하게 생각해 볼 필요가 있다.

1.

2.

3.

4.

5.

C

서로 생각하라

"아무 일에든지 다툼이나 허영으로 하지 말고
오직 겸손한 마음으로 각각 자기보다 남을 낫게 여기고"

빌립보서 2:3

설명

'자기보다 남을 낫게 여기라,' 또는 다른 표현으로 '서로 생각하라'는 명령을 제대로 이해하려면, 빌립보서 2장의 문맥을 잘 살펴보아야 한다. 빌립보서 2장은, 하나님으로서의 권리와 특권을 자발적으로 포기하시고 친히 사람의 몸을 입으신 그리스도의 겸손과 낮아짐에 대해 보여 준다.

성육신하신 하나님이 사람을 위해 자신을 낮추셨다면, 신자들도 서로를 위해 그렇게 해야 하지 않겠는가? 바울이 "너희 안에 이 마음을 품으라 곧 그리스도 예수의 마음이니"(빌 2:5)라고 말했을 때, '서로 생각하라'는 명령은 바로 그런 의미이다.

종종 신자들은 이 구절을 오해하여, 자신을 다른 사람보다 열등하다는 식으로 생각해야 한다고 오인하곤 한다. 그러나 자신과 다른 사람에 대한 성경적인 평가는 그런 것이 아니다. 성경은 신자들에게 자기를 비하하고 무시하라고 가르치지 않는다. 오히려 자기 자신에 대한 바른 관점(롬 12:3, "너희 각 사람에게 말하노니 마땅히 생각할 그 이상의 생각을 품지 말고…지혜롭게 생각하라")과 다른 사람에 대한 바른 관점(빌 2:3, "오직 겸손한 마음으로 각각 자기보다 남을 낫게 여기고")을 가져야 한다고 분명하게 가르친다. 신자들은 자기 자신에게 사로잡히지 말고, 자신의 필요보다도 다른 사람의 필요에 관심을 기울여야 한다.

예시

이 명령은 우리의 육신의 성향을 근본적으로 거스른다. 당신은 사람들과 인사할 때 그들이 "어떻게 지내셨어요? 별일 없으신가요? 어떻게 지내시는지 말해 주세요."라고 말해 주기를 바란다. 우리는 천성적으로 이기적이다. 따라서 겸손 가운데 성령님과 동행하는 것이 매우 중요하다. 성령님은 우리를 돕고 싶어 하시며, 우리가 서로 관심을 갖도록 도와주실 것이다. 다른 사람들을 생각하고 그들을 돌보고 그들의 관심사를 존중하는 데 특별한 관심과 각별한 노력을 기울이라.

적용

- 당신이 최근에 나눈 세 번의 대화를 적어 보라. 당신은 의식적으로 다른 사람을 자기보다 더 중요하게 생각하려고 노력했는가? 아니면 자기 자신에 대해 더 많이 이야기했는가?

1.

2.

3.

- 세 사람의 이름을 적고, 당신이 각 사람에게 이 '서로__하라' 명령을 적용하기 위한 실천적인 방법에 대해 적어 보라. 구체적으로 쓰고 실제적인 예를 들라.

1.

2.

3.

D

서로 거짓말하지 말라

"너희가 서로 거짓말을 하지 말라
옛 사람과 그 행위를 벗어 버리고"

골로새서 3:9

설명

잠언 6장 16-19절은 "여호와께서 미워하시는 것 곧 그의 마음에 싫어하시는 것이 예닐곱 가지이니 곧 교만한 눈과 거짓된 혀와 무죄한 자의 피를 흘리는 손과 악한 계교를 꾀하는 마음과 빨리 악으로 달려가는 발과 거짓을 말하는 망령된 증인과 및 형제 사이를 이간하는 자이니라"라고 진술한다. 하나님이 "그의 마음에 싫어하시는 것"의 목록 중에는 '거짓을 말함'이 있다. '마음에 싫어하신다'는 말은 증오함과 불쾌함을 나타내는 강력한 용어이다. 하나님이 거짓말을 이 정도로 혐오하신다면, 어린 양의 피로 깨끗하게 씻음 받은 신자들도 거짓말을 싫어해야 한다! 불신자들이 거짓말하는 것은 자연스러운 일이다. 마귀는 "거짓의 아비"(요 8:44)이지만, 성령님은 "진리의 영"(요 14:16-17)이시다. 성령님이 신자들의 마음에 거하시므로 신자들은 "거짓말하는 버릇"[49]을 갖지 말아야 한다.

예시

굳건한 관계는 신뢰와 진실 위에 쌓인다. 이 두 가지 특징을 갖추지 못한 사람은 그 누구와도 올바른 관계를 형성하지 못할 것이다. 나는 자녀들에게 어떠한 일이 있어도 거짓말을 하면 안 된다고 말했다. 부모와 자식 간은 서로 신뢰할 수 있어야 한다. 그래서 나는 아이들이 거짓말을 하면 더 많이 혼난다는 규칙을 정해 놓았다. 나와 아내는 건강한 관계를 위해서는 신뢰가 필수적이라는 사실을 아이들이 잘 깨달을 수 있기를 바랐다.

아이들이 잘못을 저지르고 거짓말을 한 적이 몇 번 있었다. 우리는 그들이 거짓말을 하면 평소보다 더 엄격하게 징계했다. 반면, 아이들이 잘못을 저질렀더라도 솔직하게 말하면 너그럽게 대했다. 그리고 "이번 일에서 배운 게 있길 바란다."라고 말하곤 했다. 우리는 아이들이 뿌리고 거둔 것에서 충분히 교훈을 받았을 거라고 생각해서 그 이상의 징계는 하지 않았다.

적용

- 당신이 가장 최근에 한 거짓말 세 가지는 무엇인가? 왜 거짓말을 했는가? 각 거짓말 가운데 당신이 말했어야 할 진실을 무엇이었는가?

1.

2.

3.

- 당신이 현재 거짓말을 하고 있거나 거짓말하려고 꾀하는 상황이 있는가? 있다면 그 상황에서 어떻게 진실을 말할 수 있을지 생각해 보라.

- 당신은 다른 사람들을 잘 대하려고, 또는 그들의 감정을 상하지 않게 하려고 거짓말을 하는가? 그렇다면 거짓말하지 않으면서 어떻게 말할 수 있을지 생각해 보라.

끝맺는 말

요약하자면 '서로_하라' 명령들은 젊은 신자, 나이 든 신자, 신앙이 성숙한 신자, 신앙이 어린 신자 모두에게 큰 도전이다. 우리 모두는 그리스도의 복음의 진리라는 관점에서 이 명령들을 살아내기 위해 하나님의 은혜와 도우심이 간절히 필요하다. 많은 신자들은 자신이 이러한 명령 중 하나 또는 그 이상을 제대로 수행하지 못하고 있다는 것을 깨달을 것이다. 이런 자각은 좋은 자각이다. 우리는 하나님의 말씀이라는 거울을 들여다봄에 따라, 더 순종하는 사람으로 변해야겠다는 결심을 더욱 굳세게 해야 한다.

어쩌면 당신은 자신이 다른 신자들과의 관계 속에서 하나 이상의 '서로_하라' 명령을 수행하느라 분투하고 있다는 것을 막 깨닫기 시작했을 것이다. 아마도 지금 그 순간은 당신이 예수 그리스도와의 관계를 깊이 생각해 보고 믿음 안에 있는지 확인해 보기에 적절한 시기일 것이다. 어쩌면 지금 당신은 당신의 삶 속에서 특정 사람에게 이런 명령들을 실천하기 위해 분투하면서, 당신이 특별히 염두에 둔 어떤 신자들을 대상으로 '서로_하라' 명령들을 순종하려고 하고 있을 것이다.

이 책을 통해 당신은 다른 사람들과 진정으로 성경적인 관계를 추구하려는 의식적인 갈망이 부족하다는 사실을 깨달았을 수도 있다. 따라서 당신은 삶에서 '서로__하라' 명령을 실천하기 위해 적극적으로 노력해야 한다는 사실을 깨달았을 것이다. 대부분의 신자들은 특히 관계에 있어서 '의도적으로' 불순종을 추구하지는 않지만, 일상에서 성경의 명령들을 습관적으로 실천하려고 '적극적으로' 노력하지는 않는다. 당신의 배우자, 부모, 자녀, 친구, 장로 등과 함께 이런 명령들을 의식적으로 실천하려고 노력해 보는 것은 어떠한가? 그리고 기억하라. 이런 명령들은 낯선 사람들에게까지 적용되어야 한다! '서로__하라' 명령은 대상을 제한하지 않는다. 우리가 고찰해 본 35개의 '서로__하라' 명령 각각에 대해 기도하라. 한 달간 하루에 한두 가지를 놓고 기도할 수 있다. 이렇게 하면 당신이 이 명령들을 기억하고, 하나님께 영광 돌리는 방식으로 다른 사람들과 관계를 맺어야 한다는 것을 의식적으로 자각하는 데 큰 도움이 될 것이다.

당신이 '서로_하라' 명령들을 실천함으로써, 가족 및 교회와의 관계에 뚜렷한 변화가 나타나기를 기도한다. "너희 안에서 행하시는 이는 하나님이시니 자기의 기쁘신 뜻을 위하여 너희에게 소원을 두고 행하게 하시나니"(빌 2:13). 하나님께 영광을!

참고 문헌

Adams, Jay E. *A Theology of Christian Counseling*. Grand Rapids: Zondervan Publishing House, 1979.《기독교 상담신학》, 크리스챤 출판사 역간.

——. *Competent to Counsel*. Grand Rapids: Zondervan Publishing House, 1970.《목회상담학》, 총신대학교출판부 역간.

——. *From Forgiven to Forgiving*. Amityville, NY: Calvary Press, 1994.

——. *I Corinthians, II Corinthians* in *The Christian Counselor's Commentary*. Hackettstown, NJ: Timeless Texts, 1994.

Bruce, F. F. *1 & 2 Thessalonians in Word Biblical Commentary*, eds. David A. Hubbard and Glenn W. Barker. Waco, TX: Word Books, 1982.

Crotts, John. *Graciousness: Tempering Truth with Love*. Grand Rapids, MI: Reformation Heritage Books, 2018.

Getz, Gene A. *Building Up One Another*. Wheaton, IL: Victor Books, 1976. Reprint, 1978.

——. *Encouraging One Another*. Wheaton, IL: Victor Books, 1981.

——. *Loving One Another*. Wheaton, IL: Victor Books, 1979. Reprint, 1983.

——. *Praying For One Another*. Wheaton, IL: Victor Books, 1982.

——. *Serving One Another*. Wheaton, IL: Victor Books, 1984.

Harrison, Everett F. "Romans" in *The Expositor's Bible Commentary*, ed. Frank E. Gaebelein, Vol. 10. Grand Rapids: Zondervan Publishing House, 1976.

Hendriksen, William. *The New Testament Commentary, Galatians*. Grand Rapids: Baker Book House, 1968. Reprint, 1974.

——. *The New Testament Commentary, I & II Timothy and Titus*. Grand Rapids: Baker Book House, 1957.

——. *The New Testament Commentary, I & II Thessalonians*. Grand Rapids: Baker Book House, 1955. Reprint, 1975.

——. *The New Testament Commentary, Romans*. Grand Rapids: Baker Book House, 1980. Reprint, 1995.

Hiebert, D. Edmond. *1 Peter*, rev. ed. Chicago: Moody Press, 1992.

——. *James*. Chicago: The Moody Bible Institute, 1979.

Reprint, Winona Lake, IN: BMH Books, 1997.

——. *The Epistles of John*. Greenville, SC: Bob Jones University Press, 1991.

Hughes, Philip Edgcumbe. *A Commentary on the Epistle to the Hebrews*. Grand Rapids: William B. Eerdmans Publishing Company, 1977.

Kistemaker, Simon J. *The New Testament Commentary, Exposition of the First Epistle to the Corinthians*. Grand Rapids: Baker Book House, 1993.

——. *The New Testament Commentary, Exposition of the Epistle of James and the Epistles of John*. Grand Rapids: Baker Book House, 1986.

Lane, Timothy S., and Paul David Tripp. *Relationships: A Mess Worth Making*. Greensboro, NC: New Growth Press, 2008. 《관계가 주는 기쁨》, 미션월드라이브러리 역간.

Lenski, R. C. H. *The Interpretation of St. Paul's Epistle to the Romans*. Minneapolis: Lutheran Book Concern, 1936. Reprint, Minneapolis: Augsburg Publishing House, 1961.

Mack, Wayne A. *Maximum Impact: Living and Loving for God's Glory*. Phillipsburg, NJ: P&R Publishing, 2010.

——. *Strengthening Your Marriage*. 2d ed. Phillipsburg, NJ: P&R Publishing, 1999.

MacArthur, John. *Biblical Parenting for Life, Teacher's Manual*. Sun Valley, CA: Grace Community Church, 2000. 《성경적인 자녀 양육》, 디모데 역간.

——. *1 Corinthians in The MacArthur New Testament Commentary*. Chicago: Moody Press, 1984.

——. *Galatians in The MacArthur New Testament Commentary*. Chicago: Moody Press, 1987.

——. James in *The MacArthur New Testament Commentary*. Chicago: Moody Press, 1998.

Marshall, I. Howard. *The Epistles of John in The New International Commentary on the New Testament*, ed. F. F. Bruce. Grand Rapids: Wm. B. Eerdmans Publishing Co., 1978.

Moo, Douglas. *The Epistle to the Romans in The New International Commentary on the New Testament*, ed. Gordon D. Fee. Grand Rapids: Wm. B. Eerdmans Publishing Co., 1996.

Murray, John. *The Epistle to the Romans* Vol. 2, in *The New International Commentary on the New Testament*, ed. F. F. Bruce. Grand Rapids: Wm. B. Eerdmans Publishing Co., 1965.《로마서 주석》, 아바서원 역간.

Orr, William F., and James Arthur Walther. *I Corinthians in The Anchor Bible*, ed. William F. Albright and David N. Freedman. Garden City, NY: Doubleday & Company, Inc., 1976.

Peace, Martha. *The Excellent Wife: A Biblical Perspective*, rev. ed. Bemidji, MN: Focus Publishing, Inc., 1999.

Phillips, Jim. *One Another*. Nashville: Broadman Press, 1981.

Robertson, A. T. *A. T. Robertson's Word Pictures in the Greek New Testament*, 1934 in BibleWorks CD 3.5, 1996.

Sanday, William, and Authur Headlam. *A Critical and Exegetical Commentary on the Epistle to the Romans*, 2d ed. Edinburgh: T & T Clark, 1962.

Scott, Stuart. *From Pride to Humility: A Biblical Perspective*. Bemidji, MN: Focus Publishing, Inc., 2002.

——. *The Exemplary Husband*. Bemidji, MN: Focus Publishing, Inc.,

2000.

Smalley, Stephen S. *1, 2, 3 John in Word Biblical Commentary*, eds. David A. Hubbard and Glenn W. Barker. Waco, TX: Word Books, 1984.

Strauch, Alexander. *The Hospitality Commands: Building Loving Christian Community: Building Bridges to Friends and Neighbors*. Colorado Springs, CO: Lewis & Roth Publishers, 1993.

Thomas, Robert L. "1 Thessalonians" in *The Expositor's Bible Commentary*, ed. Frank E. Gaebelein, Vol. 11. Grand Rapids: Zondervan Publishing House, 1978.

Welch, Ed T. *Caring for One Another*. Wheaton, IL: Crossway, 2018.

Wheat, Ed, and Gaye Wheat. *Intended for Pleasure*. 3d ed. Grand Rapids: Fleming H. Revell, 1997; Reprint, 2001.

Wheat, Ed, and Gloria Okes Perkins. *Love Life for Every Married Couple*. Grand Rapids: Zondervan Publishing House, 1980.

저자 소개

스튜어트 스콧

스튜어트 스콧은 미국 캘리포니아주 샌타클라리타 매스터스대학교에서 성경적 상담학 교수로 있다. 스튜어트는 40년이 넘는 시간을 상담과 목회 사역으로 섬겼다. 그는 공인성경적상담가협회의 특별 회원이다. 스튜어트는 작가이기도 하며, 아내 존드라와 성인이 된 자녀 둘, 손주 두 명이 있다. 스튜어트의 학문적 약력과 소속 협회는 아래와 같다.

매스터스대학교 성경적 상담학 교수

공인성경적상담가협회[ACBC] 멤버십 지원 디렉터

원에이티[One-Eighty] 카운셀링 앤드 에듀케이션 디렉터

남침례신학대학교 성경적 상담학 부교수

컬럼비아국제대학교 문학사

그레이스신학교 종교학 석사

남침례신학대학교 신학 석사

커버넌트신학교 목회학 박사

앤드류 진

앤드류 진(버지니아대학교 이학사, 매스터스신학대학원 목회학 석사, 매스터스대학교 성경적 상담학 석사)은 버지니아주 페어팩스에서 자랐고, 지금은 LA에서 아내 에스더와 자녀 호프, 애비게일, 케일럽과 함께 살고 있다. 그는 웨스트 로스앤젤레스에 있는 어느 대체투자회사의 중역이다. 그는 또한 《*Men Counseling Men*》의 공저자이며, 공인성경적상담가협회의 회원이다.

미주

1 William Sanday and Arthur Headlam, *A Critical and Exegetical Commentary on the Epistle to the Romans*, 2d ed. (Edinburgh: T & T Clark, 1962), 361.

2 Ibid., 783.

3 Everett F. Harrison, "Romans" in *The Expositor's Bible Commentary*, ed. Frank E. Gaebelein, Vol. 10 (Grand Rapids: Zondervan Publishing House, 1976), 134.

4 John Murray, *The Epistle to the Romans* Vol. 2, in *The New International Commentary on the New Testament*, ed. F. F. Bruce (Grand Rapids: Wm. B. Eerdmans Publishing Co., 1965), 137.

5 Douglas Moo. *The Epistle to the Romans in The New International Commentary on the New Testament*, ed. Gordon D. Fee (Grand Rapids: Wm. B. Eerdmans Publishing Co., 1996), 874.

6 Simon J. Kistemaker, *The New Testament Commentary, Exposition of the First Epistle to the Corinthians* (Grand Rapids: Baker Book House, 1993), 186.

7 Jay Adams, *From Forgiven to Forgiving* (Amityville, NY: Calvary

Press, 1994), 82.

8 A. T. Robertson, *A. T. Robertson's Word Pictures in the Greek New Testament*, 1934, in BibleWorks CD 3.5, 1996 on Colossians 3:18.

9 기술적으로 이것은 종과 주인의 경우에 해당되며, 고용인과 고용주에게 해당되지 않는다. 하지만 당신이 직장 일을 계속 하고 싶다면 고용주에게 복종하는 자세를 계속 유지해야 한다는 점에서 고용주, 고용인 관계에도 어떤 적용점을 갖는다.

10 Jay Adams, *Competent to Counsel* (Grand Rapids: Zondervan Publishing House, 1970), 44.

11 Adams, 49.

12 William Hendriksen, *The New Testament Commentary, I & II Thessalonians* (Grand Rapids: Baker Book House, 1955; reprint, 1975), 91.

13 추가적인 독서와 적용을 하려거든, *Maximum Impact: Living and Loving for God's Glory* by Wayne A. Mack, P&R Publishing를 참고하라.

14 Jim Phillips, *One Another* (Nashville: Broadman Press, 1981), 50-51.

15 F. F. Bruce, *1 & 2 Thessalonians in Word Biblical Commentary*, eds. David A. Hubbard and Glenn W. Barker, (Waco, TX: Word Books, 1982), 115.

16 Robert L. Thomas, "1 Thessalonians" in *The Expositor's Bible Commentary*, ed. Frank E. Gaebelein, Vol. 11 (Grand Rapids:

Zondervan Publishing House, 1978), 287.

17 Ibid., 288.

18 William Hendriksen, *The New Testament Commentary, I & II Timothy and Titus* (Grand Rapids: Baker Book House, 1957), 91.

19 Ibid., 92.

20 Ibid., 93.

21 Philip Edgcumbe Hughes, *A Commentary on the Epistle to the Hebrews* (Grand Rapids: William B. Eerdmans Publishing Company, 1977), 415.

22 John MacArthur, *James in The MacArthur New Testament Commentary* (Chicago: Moody Press, 1998), 221.

23 Kistemaker, *Corinthians*, 166.

24 D. Edmond Hiebert, *James* (Chicago: The Moody Bible Institute, 1979; reprint, Winona Lake, IN: BMH Books, 1997), 299.

25 Jay E. Adams, *A Theology of Christian Counseling* (Grand Rapids: Zondervan Publishing House, 1979), 221.

26 Ibid.

27 D. Edmond Hiebert, *I Peter*, rev. ed. (Chicago: Moody Press, 1992), 273.

28 Ibid., 274.

29 Ibid., 274.

30 Phillips, 90.

31 Hiebert, *I Peter*, 275.

32 Ibid., 310.

33 Gene A. Getz, *Building Up One Another* (Wheaton, IL: Victor Books, 1976. Reprint, 1978) 64.

34 Hiebert, *I Peter*, 331.

35 Phillips, 74.

36 Hiebert, *I Peter*, 331.

37 Ibid.

38 I. Howard Marshall, *The Epistles of John in The New International Commentary on the New Testament*, ed. F. F. Bruce (Grand Rapids: Wm. B. Eerdmans Publishing Co., 1978), 104.

39 Stephen S. Smalley, 1, 2, 3 *John in Word Biblical Commentary*, eds. David A. Hubbard and Glenn W. Barker (Waco, TX: Word Books, 1984), 12.

40 Ibid., 12.

41 James Hiebert, *The Epistles of John* (Greenville, SC: Bob Jones University Press, 1991), 46.

42 Smalley, 12.

43 Marshall, 111-112.

44 Smalley, 12.

45 William Orr and James Arthur Walther, *I Corinthians in The Anchor Bible*, ed. William F. Albright and David N. Freedman (Garden City, NY: Doubleday & Company, Inc., 1976), 208.

46 Jay Adams, *I Corinthians, II Corinthians in The Christian Counselor's Commentary* (Hackettstown, NJ: Timeless Texts, 1994), 46.

47 Ibid.

48 Kistemaker, *1 Corinthians*, 405.

49 Robertson, Colossians 3:9.

개혁된실천사 도서 소개

개혁된 실천 시리즈

1. 깨어 있음

깨어 있음의 개혁된 실천

브라이언 헤지스 지음 | 조계광 옮김

성경은 모든 그리스도인에게 신분이나 인생의 시기와 상관없이 항상 깨어 경계할 것을 권고한다. 브라이언 헤지스는 성경과 과거의 신자들의 가르침을 바탕으로 깨어 있음의 "무엇, 왜, 어떻게, 언제, 누가"에 대해 말한다. 이 책은 반성과 자기점검과 개인적인 적용을 돕기 위해 각 장의 끝에 "점검과 적용" 질문들을 첨부했다. 이 책은 더 큰 깨어 있음, 증가된 거룩함, 삼위일체 하나님과의 더 깊은 교제를 향한 길을 발견하고자 하는 사람을 위한 책이다.

2. 기독교적 삶의 아름다움과 영광

그리스도인의 삶의 개혁된 실천

조엘 R. 비키 편집 | 조계광 옮김

본서는 그리스도인의 삶에서 정말로 중요한 요소들을 압축적으로 담고 있다. 내면적 경건생활부터 가정, 직장, 전도하는 삶, 그리고 이 땅이 적대적 환경에 대응하며 살아가는 삶에 대해 정확한 성경적 원칙을 들어 말하고 있다.
이 책은 주제들을 잘 선택해 주의 깊게 다루는데, 주로 청교도들의 글에서 중요한 포인트들을 최대한 끌어내서 핵심 주제들을 짚어준다. 영광스럽고 아름다운 그리스도인의 삶의 청사진을 맛보고 싶다면 이 책을 읽으면 된다.

3. 장로 핸드북

모든 성도가 알아야 할 장로 직분

제랄드 벌고프, 레스터 데 코스터 공저 | 송광택 옮김

하나님은 복수의 장로를 통해 교회를 다스리신다. 복수의 장로가 자신의 역할을 잘 감당해야 교회 안에 하나님의 통치가 제대로 편만하게 미친다. 이 책은 그토록 중요한 장로 직분에 대한 성경의 가르침을 정리하여 제공한다. 이 책의 원칙에 의거하여 오늘날 교회 안에서 장로 후보들이 잘 양육되고 있고, 성경이 말하는 자격요건을 구비한 장로들이 성경적 원칙에 의거하여 선출되고, 장로들이 자신의 감독과 목양 책임을 잘 수행하고 있는가? 우리는 장로 직분을 바로 이해하고 새롭게 실천하여야 할 것이다. 이 책은 비단 장로만을 위한 책이 아니라 모든 성도를 위한 책이다. 성도는 장로를 선출하고 장로의 다스림에 복종하고 장로의 감독을 받고 장로를 위해 기도하고 장로의 직분 수행을 돕고 심지어 장로 직분을 사모해야 하기 때문에 장로 직분에 대한 깊은 이해

가 필수적이다.

4. 집사 핸드북

모든 성도가 알아야 할 집사 직분

제랄드 벌고프, 레스터 데 코스터 공저 | 황영철 옮김

하나님의 율법은 교회 안에서 곤핍한 자들, 외로운 자들, 정서적 필요를 가진 자들을 따뜻하고 자애롭게 돌볼 것을 명한다. 거룩한 공동체 안에 한 명도 소외된 자가 없도록 이러한 돌봄이 잘 이루어져야 한다. 이 일은 기본적으로 모든 성도가 힘써야 할 책무이지만 교회는 특별히 이 일에 책임을 지고 감당하도록 집사 직분을 세운다. 오늘날 율법의 명령이 잘 실천되어 교회 안에 사랑과 섬김의 손길이 구석구석 미치고 있는가? 우리는 집사 직분을 바로 이해하고 새롭게 실천하여야 할 것이다. 그것은 교회 공동체를 향한 하나님의 거룩한 뜻이다.

5. 목사와 상담

목회 상담의 개혁된 실천

제레미 피에르, 디팍 레주 지음 | 차수정 옮김

이 책은 목회 상담이라는 어려운 책무를 어떻게 수행해야 하는지 차근차근 단계별로 쉽게 가르쳐준다. 상담의 목적은 복음의 적용이다. 이 책은 이 영광스러운 임무를 효과적으로 수행할 수 있도록 첫 상담부터 마지막 상담까지 상담 프로세스를 어떻게 꾸려가야 할지 가르쳐준다.

6. 지상명령 바로알기

지상명령의 개혁된 실천

마크 데버 지음 | 김태곤 옮김

이 책은 지상명령의 바른 이해와 실천을 알려준다. 지상명령은 복음전도가 전부가 아니며 예수님이 분부하신 모든 것을 가르쳐 지키게 하는 것까지 포함하는 포괄적인 명령이다. 따라서 이 명령 아래 살아가고 있는 그리스도인들은 모든 것을 가르쳐 지키게 하는 그러한 시스템을 구축하고 이를 실천해야 한다. 이 책은 예수님이 이 명령을 교회에게 명령하셨다고 지적하며 지역 교회가 이 일을 수행할 수 있는 실천적 방법들을 구체적으로 다루고 있다. 삶으로 그리스도를 따르는 제자들로 가득 찬 교회를 꿈꾼다면 이 책이 큰 도움이 될 것이다.

7. 예배의 날

제4계명의 개혁된 실천

라이언 맥그로우 지음 | 조계광 옮김

제4계명은 십계명 중 하나로서 삶의 골간을 이루는 중요한 계명이다. 하나님의 뜻을 따르는 우리는 이를 모호하게 이해하고, 모호하게 실천하면 안 되며, 제대로 이해하고, 제대로 실천해야 한다. 이를 위해 우리는 이 계명의 참뜻을 신중하게 연구해야 한다. 이 책은 가장 분명한 논증을 통해 제4계명의 의미

를 해석하고 밝혀준다. 하나님은 그날을 왜 제정하셨나? 그날은 얼마나 복된 날이며 무엇을 하면서 하나님의 복을 받는 날인가? 교회사에서 이 계명은 어떻게 이해되었고 어떤 학설이 있고 어느 관점이 성경적인가? 오늘날 우리는 이 계명을 어떻게 지킬 것인가?

8. 단순한 영성

영적 훈련의 개혁된 실천

도널드 휘트니 지음 | 이대은 옮김

본서는 단순한 영성을 구현하기 위한 영적 훈련 방법에 대한 소중한 조언으로 가득하다. 성경 읽기, 성경 묵상, 기도하기, 일지 쓰기, 주일 보내기, 가정 예배, 영적 위인들로부터 유익 얻기, 독서하기, 복음전도, 성도의 교제 등 거의 모든 분야의 영적 훈련에 대해 말하고 있다. 조엘 비키 박사는 이 책의 내용의 절반만 실천해도 우리의 영적 생활이 분명 나아질 것이라고 한다. 그리고 한 장씩 주의하며 읽고, 날마다 기도하며 실천하라고 조언한다.

9. 힘든 곳의 지역 교회

가난하고 곤고한 곳에 교회가 어떻게 생명을 가져다 주는가

메즈 맥코넬, 마이크 맥킨리 지음 | 김태곤 옮김

이 책은 각각 브라질, 스코틀랜드, 미국 등의 빈궁한 지역에서 지역 교회 사역을 해 오고 있는 두 명의 저자가 그들의 실제 경험을 바탕으로 쓴 책이다. 이 책은 그런 지역에 가장 필요한 사역, 가장 효과적인 사역, 장기적인 변화를 가져오는 사역이 무엇인지 가르쳐준다. 힘든 곳에 사는 사람들을 긍휼히 여기는 마음이 있다면 꼭 참고할 만한 책이다.

10. 생기 넘치는 교회의 4가지 기초

건강한 교회 생활의 개혁된 실천

윌리엄 보에케스타인, 대니얼 하이드 공저 | 조계광 옮김

이 책은 두 명의 개혁파 목사가 교회에 대해 저술한 책이다. 이 책은 기존의 교회성장에 관한 책들과는 궤를 달리하며, 교회의 정체성, 권위, 일치, 활동 등 네 가지 영역에서 성경적 원칙이 확립되고 '질서가 잘 잡힌 교회'가 될 것을 촉구한다. 이 4가지 부분에서 성경적 실천이 조화롭게 형성되면 생기 넘치는 교회가 되기 위한 기초가 형성되는 셈이다. 이 네 영역 중 하나라도 잘못되고 무질서하면 그만큼 교회의 삶은 혼탁해지며 교회는 약해지게 된다.

11. 북미 개혁교단의 교회개척 매뉴얼

URCNA 교단의 공식 문서를 통해 배우는 교회개척 원리와 실천

URCNA 선교위원회 편찬 | 김태곤 옮김

이 책은 북미연합개혁교회(URCNA)라는 개혁 교단의 교회개척 매뉴얼로서, 교회개척의 첫 걸음부터 그 마지막 단계까지 성경의 원리에 입각한 교회개척 방법을 가르쳐준다. 모든 신자는 함께 교

회를 개척하여 그리스도의 나라를 확장해야 한다.

12. 아이들이 공예배에 참석해야 하는가

아이들의 예배 참석의 개혁된 실천

대니얼 R. 하이드 지음 | 유정희 옮김

아이들만의 예배가 성경적인가? 아니면 아이들도 어른들의 공예배에 참석해야 하는가? 성경은 이에 대해 무엇을 말하는가? 아이들의 공예배 참석은 어떤 유익이 있으며 실천적인 면에서 주의할 점은 무엇인가? 이 책은 아이들의 공예배 참석 문제에 대해 성경을 토대로 돌아보게 한다.

13. 신규 목회자 핸드북

제이슨 헬로포울로스 지음 | 리곤 던컨 서문 | 김태곤 옮김

이 책은 새로 목회자가 된 사람을 향한 주옥같은 48가지 조언을 담고 있다. 리곤 던컨, 케빈 드영, 앨버트 몰러, 알리스테어 베그, 팀 챌리스 등이 이 책에 대해 극찬하였다. 이 책은 읽기 쉽고 매우 실천적이며 유익하다.

14. 마음을 위한 하나님의 전투 계획

청교도가 실천한 성경적 묵상

데이비드 색스톤 지음 | 조엘 비키 서문 | 조계광 옮김

묵상하지 않으면 경건한 삶을 살 수 없다. 우리 시대에 일어나고 있는 일이 바로 이것이다. 오늘날은 명상에 대한 반감으로 묵상조차 거부한다. 그러면 무엇이 잘못된 명상이고 무엇이 성경적 묵상인가? 저자는 방대한 청교도 문헌을 조사하여 청교도들이 실천한 묵상을 정리하여 제시하면서, 성경적 묵상이란 무엇이고, 왜 묵상을 해야 하며, 어떻게 구체적으로 묵상을 실천하는지 알려준다. 우리는 다시금 이 필수적인 실천사항으로 돌아가야 한다.

15. 마크 데버, 그렉 길버트의 설교

설교의 개혁된 실천

마크 데버, 그렉 길버트 지음 | 이대은 옮김

1부에서는 설교에 대한 신학을, 2부에서는 설교에 대한 실천을 담고 있고, 3부는 설교 원고의 예를 담고 있다. 이 책은 신학적으로 탄탄한 배경 위에서 설교에 대해 가장 실천적으로 코칭하는 책이다.

16. 개혁교회 공예배

공예배의 개혁된 실천

대니얼 R. 하이드 지음 | 이선숙 옮김

많은 신자들이 평생 수백 번, 수천 번의 공예배를 드리지만 정작 예배에 대해서 제대로 이해하지 못하는 경우가 많다. 당신은 예배가 왜 지금과 같은 구조와 순서로 되어 있는지 이해하고 예배하는가? 신앙고백은 왜 하는지, 목회자가 왜 대표로 기도하는지, 말씀은 왜 읽는지, 축도는 왜 하는지 이해하고 참여하는

가? 이 책은 분량은 많지 않지만 공예배의 핵심 사항들에 대하여 알기 쉽게 알려준다.

17. 개혁교회의 가정 심방

가정 심방의 개혁된 실천

피터 데 용 지음 | 조계광 옮김

목양은 각 멤버의 영적 상태를 개별적으로 확인하고 권면하고 돌보는 일을 포함한다. 이를 위해 교회는 역사적으로 가정 심방을 실시하였다. 이 책은 외국 개혁교회에서 꽃피웠던 가정 심방의 실제 모습을 보여주며, 한국 교회 안에서 행해지는 가정 심방의 개선점을 시사해준다.

18. 존 오웬의 그리스도인의 교제 의무

그리스도인의 교제의 개혁된 실천

존 오웬 지음 | 김태곤 옮김

이 책은 그리스도인 상호 간의 교제에 대해 청교도 신학자이자 목회자였던 존 오웬이 저술한 매우 실천적인 책으로서, 이 책에서 우리는 청교도들이 그리스도인의 교제를 얼마나 중시했는지 엿볼 수 있다. 이 책은 그리스도인의 교제에 대한 핵심 원칙들을 담고 있다. 교회 안의 그룹 성경공부에 적합하도록 각 장 뒤에는 토의할 문제들이 부가되어 있다.

19. 신약 시대 신자가 왜 금식을 해야 하는가

금식의 개혁된 실천

대니얼 R. 하이드 지음 | 김태곤 옮김

금식은 과거 구약 시대에 국한된, 우리와 상관없는 실천사항인가? 신약 시대 신자가 정기적인 금식을 의무적으로 행해야 하는가? 자유롭게 금식할 수 있는가? 금식의 목적은 무엇인가? 이 책은 이런 여러 질문에 답하면서, 이 복된 실천사항을 성경대로 회복할 것을 촉구한다.

20. 장로와 그의 사역

장로 직분의 개혁된 실천

데이비드 딕슨 지음 | 김태곤 옮김

장로는 무슨 일을 하는 사람인가? 스코틀랜드 개혁교회 장로에게서 장로의 일에 대한 조언을 듣자. 이 책은 장로의 사역에 대한 지침서인 동시에 남을 섬기는 삶의 모델을 보여주는 책이다. 이 책 안에는 비단 장로뿐만 아니라 모든 그리스도인이 본받아야 할, 섬기는 삶의 아름다운 모델이 담겨 있다. 이 책은 따뜻하고 영감을 주는 책이다.

21. 네덜란드 개혁교회의 자녀양육

자녀양육의 개혁된 실천

야코부스 꿀만 지음 | 유정희 옮김

이 책에서 우리는 17세기 네덜란드 개혁교회 배경에서 나온 자녀양육법을 살펴볼 수 있다. 경건한 17세기 목사인 야코부스 꿀만은 자녀양육과 관련된 당시의 지혜를 한데 모아서 구체적인 282개 지침으로 꾸며 놓았다. 부모들이 이 지침들을 읽고 실천하면 큰 도움을 받을 수 있게 하였다. 의도는 선하더라도 방법을 모르면 결과를 낼 수 없다. 우리 그리스도인 부모들은 구체적인 자녀양육 방법을 배우고 실천해야 한다.

22. 조엘 비키의 교회에서의 가정

설교 듣기와 기도 모임의 개혁된 실천

조엘 비키 지음 | 유정희 옮김

이 책은 가정생활의 두 가지 중요한 영역에 대한 실제적 지침을 포함하고 있다. 첫째, 공예배를 위해 가족들을 어떻게 준비시켜야 하는지, 설교 말씀을 어떻게 받아야 하는지, 그 말씀을 어떻게 실천해야 하는지 설명한다. 둘째, 기도 모임이 교회의 부흥과 얼마나 관련이 깊은지 역사적으로 고찰하면서, 기도 모임의 성경적 근거를 제시하고, 그 목적을 설명하며, 나아가 바람직한 실행 방법을 설명한다.